Hans Lenk

Pragmatische Vernunft

Philosophie zwischen
Wissenschaft und Praxis

Philipp Reclam jun. Stuttgart

Maria Reincke
in Dankbarkeit und Verehrung
gewidmet

Universal-Bibliothek Nr. 9956 [2]
Alle Rechte vorbehalten. © Philipp Reclam jun. Stuttgart 1979
Herstellung: Reclam Stuttgart. Printed in Germany 1979
ISBN 3-15-009956-0

der Begriffe sollte sich mit dieser Ausrichtung einer innovationsfreudigen Philosophie vereinbaren lassen – wenigstens als anzustrebendes Leitziel. Produktivität und Kreativität sollten freilich mehr gelten als bürokratisch formelfixierte Präzisionsmanie. Präzision und Methode (oder Methodologie) sind keine philosophischen Ziele an sich. Soviel produktives Philosophieren wie möglich, aber nur soviel Präzision wie nötig. Praxisnähe ist zwar nicht *der*, aber *ein* wesentlicher Prüfstein für eine sozial wirksame Philosophie. Nur eine praxiszugewandte, aber nicht von der Lebenspraxis sklavisch abhängige Philosophie kann deren heimliche Konjunktur wirksam nutzen und »praktisch« werden. Praxisorientierung als Prüfstein der Philosophie: Auch die akademische Philosophie sollte sich auf ihre sokratische Tradition besinnen.

Die im folgenden auf Bitten des Verlages Reclam zusammengestellten Studien sollen diese Praxisnähe thematisieren und exemplifizieren, ohne sich in bloße Anpassung an die Praxis zu verlieren. Wissenschaftspraxis und Lebenspraxis unter Auspizien humaner Vernunftkritik stehen hierbei durchaus voran. Insofern sind die Studien einem Programm nichtabsolutistischer Aufklärung verpflichtet: Aufklärung als Appell, Versuch und Hoffnung – nicht als historische Gewißheit. Die Menschheit wird ihre globalen Probleme nur dann sinnvoll lösen können, wenn sie das zarte Pflänzchen Vernunft im Humusboden humaner Praxis mehr als bisher kultiviert.

Vernunft als Idee und Appell

Seit der Antike gilt der Mensch als das Vernunftwesen, als ζῶον λόγον ἔχον, als *animal rationale*. Die Vernunft dokumentierte gleichsam das Göttliche im Menschen, das ihn über die andere belebte Natur hinaushob und eben dem Göttlichen ähnlich werden ließ. Vernunft erst machte den Menschen zum Menschen – zum »Geistwesen« in der Natur, zur »Krone der Schöpfung«, zum ethischen Wesen, das nach vernunftgemäßen Werten handelt oder wenigstens handeln kann und sollte. Die Geschichte der »Krone der Schöpfung« schien selbst die Geschichte der Entwicklung der Vernunft zu sein. Vernunft sollte auch die Weltordnung als göttliche Schöpfung kennzeichnen. Die Weltgeschichte bedeutete für Hegel nichts anderes als das Zu-sich-selbst-Kommen der Vernunft, des Weltgeistes, des absoluten Begriffs. Die absolute Idee und ihr Zu-sich-selbst-Kommen bedeutete dem Anspruch nach den unüberholbaren Höhepunkt des Vernunftprinzips.

Auch für die Philosophen der Aufklärung, besonders für deren größten Vertreter, Kant, war der Kern des Menschen eigentlich dessen Vernunft: Der Mensch galt im letzten Grunde und im eigentlichen Sinne als Vernunftwesen, das die Aufgabe hat, der Vernunft gemäß zu leben, Vernunft in der Wirklichkeit zu realisieren und zu verbreiten, sich selbst nach dem Ideal der Vernunft auszurichten und zu vervollkommnen. Wenn Kant auch der menschlichen Vernunft, mehr noch aber dem menschlichen Verstande die unübersteigbaren Grenzen bewußt machen und bestimmen wollte, so bedeutete ihm doch das »Vermögen der Prinzipien«, die Fähigkeit, oberste Urteilseinheit in einem Gesamtsystem zustande zu bringen und jeweils zum Bedingten das Unbedingte zu suchen oder wenigstens als Postulat zu denken, die höchste Verwirklichung des Menschen. Ihre Würde gewinnt die Persönlichkeit als autonom moralisch handelndes und frei gesetzgebendes Wesen erst durch die Vernunft, eben durch die Fähigkeit, sich selber unabhängig von persönlichen Interessen und Neigungen repräsentativ für alle vernünftigen Wesen das moralische Gesetz – eben ein oberstes Vernunftgesetz – geben und es befolgen zu können. Vernunft als höchste Möglichkeit des Menschseins erschien auch Kant – trotz seiner kritischen Einschränkung der Fähigkeiten von Verstand und Vernunft, trotz der Selbstkritik der menschlichen Vernunft – noch als höchste und erreichbare Leitidee zur Kennzeichnung der »Krone der Schöpfung«.

Insofern blieb auch Kant an den Optimismus der Aufklärung gebunden. Er hielt Vernünftigkeit für realisierbar, Vernunft für ein reales, im Menschen existierendes quasi-psychisches Grundvermögen. Der Mensch verfolgt Vernünftigkeit als seine höchste Aufgabe und er strebt im Letzten auch von Natur aus dahin. Das reine und höchste Wesen des Menschen verkörpert sich gleichsam in seiner reinen Vernunft, die sich in eine theoretische und in eine praktische Vernunft analytisch zerlegen läßt, aber dennoch stets eine oberste Einheit von Intellektualität und Intelligibilität, der Kerncharakteristik des Menschen als einer »Intelligenz«, darstellt.

Im Deutschen Idealismus – besonders in Hegels philosophischem System – war der euphorische Höhepunkt des Vernunftglaubens erreicht, schienen die äußersten Möglichkeiten eines Vernunftoptimismus ausgeschöpft. Doch in Wirklichkeit überschlug sich hier »die Anstrengung des Begriffs« in Kapriolen eines Vernunftaberglaubens und wurde jäh aus ihrem Höhenflug auf den harten Boden der Realität hinuntergestürzt. Hatte Voltaire noch optimistisch an den individuellen Sieg von Aufklärung, Überzeugung und Toleranz geglaubt, hatte Kant noch gemeint, durch das Wirken der Vernunft in hervorragenden Einzelmenschen würde sich die Menschheit allmählich aus der »Rohigkeit« des Naturzustandes zum Stadium der Aufklärung heraufarbeiten, so

schien der geschichtliche und endgültige Erfolg in der Verwirklichung der Aufklärung nunmehr nicht nur fraglich,
sondern endgültig als utopisch erwiesen. Nicht nur der
Widerstand der Tatsachen, der äußeren Hindernisse, der
inhumanen Natur, der offenbar unvernünftigen, mechani-
stisch ablaufenden Evolution, die »Mechanisierung des
Weltbildes« und die nachfolgende »Krise der Wissenschaft«
und ihrer Grundlagen haben zu einem dramatischen Verfall
des Vernunftglaubens beigetragen, sondern offensichtlich
auch der Gang der menschlichen Geschichte, der welt-
geschichtlichen Explosionen und Exzesse der Irrationalität.

Der optimistische Glaube der Aufklärung an die unwandel-
bare sittliche Natur des Menschen, an die Kraft der reinen
Vernunft, an die Verwirklichung der Autonomie und Denk-
freiheit, an die Rationalität und Einsichtsfähigkeit des
menschlichen Geistes und an seine Durchsetzungskraft in
der Öffentlichkeit ist anscheinend in und nach den Erfahrungen zweier Weltkriege in Trümmer zerfallen. Tiefen-
psychologische, kulturanthropologische und verhaltensbiologische sowie soziologische Ergebnisse einschlägiger Wissenschaften scheinen nicht nur die Behauptung von der
»Allmacht der Vernunft«, sondern sogar die These von der
Existenz der Vernunft, besonders einer reinen Vernunft
widerlegt zu haben. Die Fähigkeit des reinen Denkens,
nichttriviale Resultate zu erlangen und abzusichern, durch
Argumentationen Gegner überzeugen zu können, und die
Hoffnung auf den in ferner Zukunft liegenden, aber geschichtlich erreichbaren Triumph der Vernunft und des
Vernünftigen sind problematisch geworden. Sie scheinen
nur noch Illusion und Fiktion zu sein. Die Definition des
Menschen als des reinen Vernunftwesens, als des *animal
rationale*, scheint als eine spezifisch abendländische Ideologie oder gar als ein kultureller Kollektivirrtum entlarvt.
Das Individuum, dessen Mündigkeit Kant als der wohl
größte Philosoph der Aufklärung erhoffte, wird in Wirk-

lichkeit von unbewußten Trieben und Antrieben gelenkt, in soziokulturellen Systemen von früher Kindheit an mit Wertungen indoktriniert, pädagogisch dressiert, durch Massensuggestion und Modeerscheinungen manipuliert. Wo bleibt der freie, autonome, wissensmündige Mensch der Aufklärung und sein Optimismus? Die Sozialwissenschaften und die Psychologie, insbesondere die Tiefenpsychologie, sowie neurologische und verhaltensbiologische Resultate entlarven anscheinend allen Mündigkeitsoptimismus als illusionär. Sogar »Anklage gegen die Vernunft« wird neuerdings erhoben (Landmann 1976).

Verstärkt wird der ernüchternde Eindruck durch die Erkenntnis, mit welcher moralischen Primitivität oft Gruppen oder ganze Nationen handeln. Noch heute gibt es kein bindendes und durchsetzbares Völkerrecht. Während einzelne Menschen durch Grundgesetze und Menschenrechte angeleitet oder angeregt, durch besondere Gesetzessanktionen oder deren Androhung abgeschreckt, sich in Routinesituationen dem Idealmodell der mündigen Verhaltenskontrolle eher nähern können, scheint für nationale oder auch übernationale Kollektive, Verbände und Institutionen häufig die schlichte Moral der gegenseitigen Betrachtung als mündige Partner außer Kraft gesetzt zu sein. Erpressungen zwischen Nationen, Vertragsbrüche im sogenannten Interesse der Allgemeinheit scheinen nicht allzu selten zu sein. (Dies läßt sich feststellen, ohne daß damit allgemein eine moralische Interpretation der real durchsetzbaren Vertragspolitik vertreten werden soll.)

Zeigt sich auch hier, daß unsere überkommenen moralischen Reaktionen noch zu sehr den Bedingungen des unmittelbaren Sichtkontaktes entstammen, teils gruppendynamisch, teils vielleicht stammesgeschichtlich bedingt, und daß sie sich nur schwer über den Bereich von Individuen hinaus ausdehnen lassen? Bei Kollektivaktionen scheinen die bei Menschen ohnehin schwach ausgeprägten innerartlichen Tötungshemmungen und die daran orientierten moralischen

Urteile oftmals zu versagen. Im Zeitalter der ferngelenkten Vernichtungswaffen, die auf automatischen Knopfdruck regionale oder gar kontinentale Katastrophen auslösen können, haben moralische Normen eine viel entscheidendere Bedeutung als in der überschaubaren Stammesgesellschaft unserer Vorahnen. Außer dem Fünften Gebot »Du sollst nicht töten!«[1] sind alle überkommen christlich-religiösen Moralregeln, soweit sie zwischenmenschliches Verhalten betreffen, auf Kleingruppenkontakte eingestellt. Moralische Normen für Fernwirkungen und planetarische Maßstäbe fehlen.

Appelle an die Vernunft nützen anscheinend wenig, wenn die Stimme des einzelnen kaum noch etwas gilt, wenn fast nur noch Verbandsinteressen oder »nationale Ziele« sich durchzusetzen vermögen. Intellektuelle Plädoyers für Recht und Wirkungsmöglichkeiten des einzelnen scheinen fast zynische Alibis angesichts verbandsbedingter Machtgruppierungen, die sich mit wohlwollenden liberalen Lippenbekenntnissen wirkungsvoll vereinen können.

Verwissenschaftlichung, Rationalisierung, Effizienzsteigerung – diese ausschließlich funktionalen Werte des »technologischen Zeitalters« wurden mit aller möglichen Akribie und Scharfsinnigkeit optimiert. Die »instrumentelle Vernunft« triumphiert. Methodenoptimierung auf dem – oder wenigstens *einem* – »best scientific way« wird bei fast allen überhaupt lösbaren Problemen nur noch als Kostenfrage gesehen. Bei hinreichendem Einsatz von Menschen, Material und Geld gilt jedes vorgegebene Ziel als erreichbar, soweit es überhaupt theoretisch realisierbar ist und soweit die Ressourcen reichen. Großprojekte scheinen weitgehend eine Frage zweckmäßiger, wissenschaftlicher und technischer sowie administrativer Organisation zu sein. Wissenschaftliches Management, Operations Research, Verfahrensoptimierung, Systemsteuerung und -regelung: alle diese rationalisierten und raffinierten Verfahren moderner Organisationsplanung und -steuerung und die entsprechenden operativen systembeherrschenden Strategien, Verfahren, Theorien dominieren. Das technische Zeitalter der Materialtechniken erweitert sich zum »informations- und systemtechnologischen Zeitalter« der umfassenden Optimierungsverfahren (s. S. 138). Die Methodenoptimierung betrifft die Effizienz der Zweck-Mittel-Beziehungen, die Verbesserung der Instrumente und Mittel bei gegebenen Zielen und Werten.

Die gegebenen Ziele und Wertungen, die Wertpräferenzen, wurden bis vor kurzem in der Entwicklungs- und Anwendungspraxis kaum diskutiert. Die auf die Spitze getriebene Rationalität und Effizienzmaximierung der einzelnen Projektverwirklichungen kann durchaus mit einer Unvernünftigkeit umfassender Systemziele und kaum bewußter, aber im Handeln befolgter Wertprioritäten einhergehen. Die übersteigerte Rationalität der Systeme verdeckt oder verschleiert die tiefe »Irrationalität« des Ganzen, stellte Marcuse (1967) fest. Diese Formulierung ist terminologisch etwas unglücklich; denn Unvernünftigkeit, Mangel an Vernunft im ganzen, sollte nicht mit Irrationalität oder Irrationalismus gleichgesetzt werden, wenn Rationalität sich auf die Optimierung der erwähnten Zweck-Mittel-Beziehungen und der zugehörigen Verfahren bezieht. Doch sachlich hat Marcuse durchaus nicht unrecht: Der immer noch nicht überwundene Wahnsinn des Wettrüstens und seiner exorbitanten Kosten angesichts der drohenden Hungersnöte in Ländern der Dritten Welt (mehr als ein Drittel der Menschheit hungert schon heute) ist keineswegs Konsequenz vernünftigen Verhaltens. Die Krise der Vernunft ist eine Krise der Wertsysteme und ihrer Geltung und Durchsetzbarkeit, eine Krise der für die Menschheit sinnvollen Zielsetzungen und insbesondere eine Konsequenz der mangelnden Durchsetzungskraft von humanen, moralischen und liberalen Überzeugungen.

Diese Krise der Vernunft hatte auch zur Folge, daß eine neue Welle des Irrationalismus wieder einmal nicht nur die Öffentlichkeit vermehrt zu gläubigen Elogen gegenüber

Gabelbrechern, Astrologen und Horoskopen trieb, sondern auch auf die intellektuelle Welt überschwappte: Die »große Weigerung« war auch ein Exodus aus der Rationalität und dem Rationalismus – zwar im Namen der Vernunft, aber faktisch oft auch aus der Vernunft. Resignativer Verzicht auf verantwortliches Mitgestalten, Mitproduzieren ist sozial ein unannehmbarer Ausschluß praktischer Vernunft, d. h. eines Prinzips repräsentativ zu rechtfertigenden Handelns.

Dialektisches Ganzheitsdenken, die Einheit der Gegensätze im Totalen oder in der Totalen, ist ein anderer modischer Erfolg, den der tiefgreifende Irrationalismus verbuchen konnte. Das logische Prinzip vom auszuschließenden Widerspruch wollte kürzlich ein Autor in einem Artikel, der sogar in einer angesehenen wissenschaftstheoretischen Zeitschrift publiziert wurde, außer Kraft setzen. Auf das Argument, daß ein widerspruchsvolles System jeden beliebigen Satz abzuleiten und somit zu begründen gestatte, antwortete ein Hegelianer: Wenn Hegels philosophisches System jeden beliebigen Satz enthalte und zu beweisen gestatte, so sei das keine Unzulänglichkeit des Systems, sondern die Widersprüchlichkeit zeige gerade deswegen dessen große Möglichkeiten.[2] Eine solche Philosophie aller Möglichkeiten freilich wäre nutzlos, ohne Erkenntniswert, da sie ja nichts ausschlösse. Der Versuch, den Hegelianer hiervon zu überzeugen, erwies sich als fruchtlos. Gläubige aller Provenienzen sind durch vernünftige Argumente allein offenbar kaum zu überzeugen. Ist die Krise der Vernunft doch nicht so neu?

Logisch gesehen, ist eine strikt dialektische Philosophie, die logische Widersprüche ausdrücklich anerkennt und aufnimmt, aus dem angegebenen Grunde nicht sinnvoll, also »unvernünftig«. Sie leistet argumentativ und logisch nichts, sondern täuscht nur rhetorisch, wenn auch unter Umständen sozial sehr wirksam, Argumente, Informationen und Gehalt vor.

Im übrigen hat die Berücksichtigung ganzheitlicher Beur-

teilungen, hat Vernunft im oben angedeuteten Sinne nichts
mit einem dialektischen Argumentationsverfahren und seiner vorgeblichen Notwendigkeit zu schaffen. Die Kritik an
der Segmentalisierung der Diskussion, der Technokratisie-
rung von praktischen Problemen, an der unnötig inhumanen Bürokratisierung sozialer Fragen – kurz: an Marcuses
»Eindimensionalität« des verwalteten Lebens in hochindustrialisierten Leistungs- und Konkurrenzgesellschaften –
hat zum beträchtlichen Teil in ihrer Gesamtstoßrichtung
recht. (Wer wollte etwa Marcuses Kritik den berechtigten
humanen und humanistischen Antrieb absprechen?) Jedoch
sind zur Begründung dieser Kritik keinerlei logisch fragwürdige oder gar unzuverlässige Verfahren einer bisher nie
klar präzisierten dialektischen Methode nötig. Mit logisch
unsauberen Verfahren wird nur die Krise der Vernunft
befördert. Wie an anderer Stelle gezeigt (s. S. 38 ff.) ist die
reine Vernunft im Sinne Kants nicht nur eine idealtypische,
sondern eine utopische Konstruktion. »Geworfen« in die
gegenwärtige Gesellschaft und die kulturgeprägte Geschichte kann jeder Akteur, auch als Wissenschaftler, der
sich noch so fern von den Einflüssen und Zwängen des
Alltags glaubt, seine Probleme nur unter Bezug auf größere
kulturelle, institutionelle, normative, sprachliche und andere Zusammenhänge zu lösen versuchen, in denen er sich
immer schon vorfindet und denen er nie völlig kraft Beschluß entfliehen kann. Die Idee des immer schon vorfind-
lichen Horizontes der Sprachgemeinschaft, der – »idealen« –
Kommunikations- und Interaktionsgemeinschaft der jeweiligen Gesellschaft (Apel) ist insoweit zweifellos berechtigt.
Freilich ist daraus nicht zu folgern, daß jeder einzelne Zug
dieses »Vorgefundenen« und des Vorverständnisses etwa
nicht kritisiert werden könnte. Sprachregeln sind durchaus
in der von diesen Regeln geformten Sprache zu kritisieren.
Die Kontextabhängigkeit des Problemlösens ist auch von
den Verhaltenswissenschaften immer wieder eindrucksvoll
bestätigt worden. Dasselbe gilt für die Prägung allen Han-

delns, selbst des wissenschaftlichen Argumentierens und Forschens, durch soziale Normen (etwa der Wissenschaftlergemeinschaft) und Werte. Auch daß es methodologische und metatheoretisch wertende Normen und Kriterien der sogenannten wertfreien Wissenschaften gibt, ist nicht zu bezweifeln. Dies alles bedeutet freilich nicht, daß man einem absoluten Relativismus oder gar Historismus das Wort reden müßte. »Die Wahrheit hat viele Kleider«, lautet ein arabisches Sprichwort. Man kann Theorien so ausdrücken, daß ihre Begriffsdefinitionen, Axiome, Anwendungsbedingungen im Vordersatz einer großen durch »und«-Verbindungen zustandekommenden Wenn-dann-Hypothese auftreten, während die eigentlichen allgemeinen inhaltlichen Behauptungen der Theorie erst in den entsprechenden Nachsätzen dieses »Satzmonstrums« stehen; der empirische Gehalt, wenn man so will: die empirische Wahrheit, tritt dann gleichsam erst metatheoretisch in solchen Wenn-dann-Verknüpfungen hervor. Ähnliches gilt für normative und wertende Standardisierungen von Forschungsverfahren. Der immer noch heiß umstrittenen sogenannten Wertfreiheitsthese der Sozialwissenschaften verbleibt also durchaus ein vernünftiger Spielraum: Sie besagt nur, daß im objektsprachlichen Aussagensystem einer erfahrungswissenschaftlichen Theorie keine Bewertungen und Vorschriften direkt gemacht werden dürfen, damit die empirische Überprüfbarkeit der Theorie nicht herabgesetzt wird oder gar schwindet. Die Abhängigkeit der Erkenntnis (oder allgemeiner: des Problemlösens) von vorausgesetzten Basiswerten, -normen und Konventionen sowie Institutionen ist damit in keiner Weise geleugnet.

Doch zurück zur Frage nach der reinen und der praktischen Vernunft. Wenn also die reine Vernunft kein psychisches Vermögen ist, kein Erkenntnisorgan darstellt, das erfahrungsunabhängige, apriorisch-absolute Erkenntnis liefert (s. S. 38 f.), dann kann reine Vernunft allein auch keine *inhaltlichen* Erkenntnisse liefern, die mit denen der Wissenschaft an Verläßlichkeit und Informationsgehalt konkurrieren können. Zumindest können die Einsichten der Vernunft nicht ohne Erfahrungserkenntnisse im weitesten Sinne dieses Wortes realisiert werden. Umgekehrt bleiben die erfahrungswissenschaftlichen Einzelresultate an sich isoliert, wie umfassend auch immer die Systeme sein mögen, auf die sie sich beziehen.

Ist die Vernunft in ihrer praktischen Funktion »ein pragmatisches Agens« der Zweckorientierung und dynamischer Handlungs- und Lebensverbesserung, ist sie andererseits – in ihrer theoretisch-spekulativen Funktion – das ständig verallgemeinernde systematische Übersteigen der Beschränkungen und Grenzen alter Einsichten, alter Methoden durch Entwicklung und Nutzbarmachung abstrakter Schemata auf neue Perspektiven hin, so ist »der Gegensatz zwischen beiden Funktionen der Vernunft wohl nicht ganz so scharf [...], wie es auf den ersten Blick erscheinen könnte«,[3] so müssen die Entwicklung und Aufgabe der Vernunft auch unter pragmatischen Aspekten gesehen, in den Gesamtzusammenhang der Lebensbewältigung eingebettet werden. So hat selbst die theoretische Vernunft ihre pragmatische – und wohl sogar eine (evolutions)biologische (Piaget; vgl. S. 121 f.) – Bedeutung.

Wenn die reine Vernunft nicht so rein existiert, wie Kant wohl noch glaubte, wenn selbst die idealtypische Modellkonstruktion sich allenthalben als unhaltbar oder im Falle der praktischen Vernunft als weitgehend ohnmächtig erweist, hat dann Vernunft überhaupt noch eine Chance? Hat Vernunft noch Chancen? Was können die Ideale von Vernunft und Vernünftigkeit überhaupt noch bedeuten? Sollte man nicht viel eher die Akten der abendländischen Vernunftphilosophie schließen und das Feld dem freien Machtkampf der Interessen und Ideologien überlassen? Wenn Vernunft an sich und allein keine verläßliche Erkenntnis garantieren oder bezeugen kann, hat sie dann nicht, verglichen mit ihrem Anspruch und Versprechen, versagt? Ist der Ver-

fall der Vernunftphilosophie unausweichliches Schicksal
der westlichen Kultur und des aufklärerischen Optimismus
derer, die einst auszogen, das Paradies auf Erden zu schaffen, und die Erfüllung und Fortschritt im Fortschritt der
Vernünftigkeit sahen?

Von der reinen Vernunft und auch von der praktischen
Vernunft die Einlösung unterstellter Erwartungen zu ver-
langen, scheint mir gänzlich unkantisch. Kant wollte zweifellos keine abstrakte Psychologie der Vernunft, keine Erkenntnis der Erkenntnisprozesse im wissenschaftlichen Sinne
erarbeiten. Sein transzendentaler Ansatz über die notwendigen Bedingungen der Erfahrungserkenntnis überhaupt
schränkt sich bewußt auf *idealtypische Konstruktion* ein
(s. S. 38). Diese Idealtypik, so wie sie am Modelltypus der
praktischen Vernunft besonders deutlich wird, hat noch
eine besondere Charakteristik, die aber wohl auch für
Kants Rekonstruktion der reinen Vernunft als zutreffend
gedacht werden kann. *Kants Vernunftideal* – und dies wird
besonders deutlich an der praktischen Vernunft – *ist selbst
eine regulative Idee* im Sinne Kants, liefert keine Erkenntnis im Sinne der Wissenschaft, kein Wissen, das man
schwarz auf weiß nach Hause tragen kann. Vernunft ist
kein psychisches oder transzendental-»psychologisches«
Vermögen eines abstrakten transzendentalen Ich, das trotz
des transzendentalen Charakters, in fehlerhafter Analogi-
sierung, mit quasi-psychischem Vermögen ausgestattet
wäre.

Wenn man im Anschluß an Kant, aber über seine Formulierungen hinausgehend, die Vernunft nicht als psychisches
Vermögen, sondern selbst als regulative Idee deutet, so
kann es in der Tat keine Garantie geben, daß Aufklärung
erfolgreich sein wird. Es war der Fehler der traditionellen
historischen Aufklärung, daß sie in ihrem überzogenen
Liberalismus zu sehr an die spontane Eigenkraft der bloßen
Vernunft geglaubt hat. Dieser Glaube stellte sich als Fiktion heraus, die sich aus der theoretisch konstatierenden

Auffassung des Aufklärungsprozesses und des Vernunft-
fortschritts als einer geschichtlichen Vorwärtsentwicklung
und aus dem traditionellen Letztbegründungsrationalismus
sowie aus dem Mythos der reinen Vernunft herleitete. Die
Verwechselung zwischen Aufklärung als These und Aufklärung als Appell sowie als regulativer Idee ist nicht nur den
Vertretern der historischen Aufklärung selber, sondern auch
vielen Kritikern, wie z. B. auch Adorno und Horkheimer
(1947), vorzuhalten. Aufklärung und Vernunftautomatis-
mus als geschichtsphilosophische oder als erkenntnistheoretische Theorie sind überholte Utopien.[4] Faßt man jedoch
beide, Aufklärung wie Vernunftideal, als regulative Ideen
mit programmatischer Appellfunktion, so kann und sollte
man ihnen ohne blinde optimistische Versprechungen und
Zukunftsaussichten weiterhin Chancen einräumen. Kants
Idee eines Wesens, das der praktischen Vernunft fähig ist
und sich unter Regeln der praktischen Vernunft stellt, ist
eine humane, sich für die Rechtfertigung und indirekt auch
für die Lenkung des Handelns anbietende regulative Idee
(vgl. auch S. 45 f.). Das Ansinnen etwa, sein Handeln durch
repräsentative, d. h. intersubjektiv – auch beim Austausch
von Handlungssubjekten und Betroffenen – zu rechtferti-
gende Prinzipien der praktischen Vernunft leiten zu lassen,
ist normativ, ein Appell. Vernunftaufklärung kann nur
noch als Appell, als Programm ohne emphatischen Optimismus vertreten werden. Entsprechendes gilt für die Prinzipien der systematischen Beurteilung im Bereich der theoretischen Vernunftideen nach Kant.

Die abendländische Rationalität, das rationale Rechtferti-
gungsdenken, kann nicht mit einem Mal verabschiedet werden, nachdem Versuche einer zwingenden und stringenten
Letztbegründung philosophischer Erkenntnisse gescheitert
sind. Der Letztbegründungsrationalismus ist insgesamt gescheitert. Dies kann und darf kein Grund sein dafür, daß
Vernunft sich selber aufgibt. Nicht nur die Kontinuität,
Glaubwürdigkeit und Berechtigung des abendländischen

Weltenentwurfes mit seiner Grundentscheidung zur rationalen Rechtfertigung sind dafür als Gründe anzuführen, sondern auch die andernfalls absehbaren Konsequenzen für die Menschheit in einer von der abendländischen Kultur geprägten Welt. Es ist klar: In gewissem Sinne ist dies kein theoretisches Argument, sondern es bedeutet bewußt einen Beschluß, eine normative Handlungsorientierung, damit »nicht sein wird, was nicht sein darf«, eine Aussicht auf eine Prognose, deren Geltung von ihrer Antizipation und bewußt geplanten Realisierung – also gleichsam von einer fast utopischen Unterstellung – abhängt. Unter humanen Aspekten eines menschenwürdigen und möglichst guten Lebens einer möglichst großen Zahl unserer Gattung auf diesem Planeten bleibt trotz des theoretischen Ungenügens dieser Fundierung als einer absoluten und hinreichenden keine andere Basis für Entscheidungen. Die Entscheidungen selbst können innerhalb des Bereichs dieser nur normativ zu rechtfertigenden rationalen Grundentscheidung noch weit voneinander differieren: Ein sozialistisches sozialpolitisches Programm wäre mit diesem allgemeinen Appell ebensosehr noch vereinbar wie eine auf Individualinteressen basierende, aber diese einschränkende Subventions- und Interventionspolitik. Aus verantwortungsbewußter Überlegung heraus muß vernünftigem Denken ein sozialer Ansatzpunkt für eine gesellschaftspolitische Durchsetzung gesichert werden. Trotz oder gerade wegen aller bitterer Erfahrungen des stets erneuten Scheiterns vernünftiger Ansätze, trotz aller Einsicht vom Nicht-Funktionieren eines Eigenautomatismus der reinen und der praktischen Vernunft muß der Nachdenkende nach wie vor zum vernünftigen Handeln und Urteilen stehen. Unmenschlichkeit wäre die Folge eines vollständigen Verfalls der Vernunft – mehr Unmenschlichkeit, als derzeit schon zu verurteilen ist. Ist nach Auschwitz keine Vernunft mehr möglich? Gerade nach und wegen der Möglichkeit und der grausigen Wirklichkeit von Auschwitz muß und soll Vernunft weiter und vermehrt auf die gesellschaftliche Realität einwirken können. Ein Versagen der Vernunft wäre menschenunwürdig, kann nicht als bildungspolitische Alternative oder Nebenfolge akzeptiert werden. Ohne Hoffnung auf Vernunft, auf vernünftige Lösungen bleibt keine Hoffnung auf eine ethisch annehmbare Regelung der Probleme sozialen Zusammenlebens. Die Einsicht der Vernunft – und diese ist immer normativ und philosophisch, meist moralphilosophisch geprägt – bleibt stets die zu fordernde Ergänzung zu jeder besonderen Erkenntnis, ist als Idee ein immerwährendes *Postulat der Humanität*. Dies eben ist auch Teil des Vernunftideals als einer regulativen Vernunftidee.

Wenn man auf keinen Eigenautomatismus der Vernunft hoffen kann, so muß das vernünftige Denken und Handeln politisch – und das heißt in dieser Allgemeinheit: pädagogisch – gefördert werden. Die historische Aufklärungsphilosophie und Kant hatten noch zu sehr das einzelne Individuum im Auge, wenn sie vom Ideal des aufgeklärten mündigen Bürgers sprachen. Der traditionelle historische Vernunftidealismus hatte zur Folge, daß man Aufklärung und Vernunftprinzipien nur in bezug auf den einzelnen sah. Doch der einzelne, auf sich allein gestellt, kann die Mündigkeit nicht erreichen. Dies hat Kant noch nicht bedacht. Mündigkeit: ein Leitziel auch für die Gesellschaft und ihre Institutionen – selbst und gerade dann, wenn die vollständig mündige Gesellschaft unerreichbar ist. Fortschritte zur Mündigkeit sind stets nur in einem begrenzten sozialen Fortschreiten zu verwirklichen. Da es unmöglich ist, »aus der bloßen Vorstellung oder Propaganda von Werten das Verhalten einer Gesellschaft zu verändern«, da »man [...] auch die Institutionen dazu liefern« muß,[5] ist der programmatische Appell zu vernünftigem Urteilen und Handeln nur in *Institutionen* – und das heißt vorrangig: in pädagogischen Institutionen wie Schulen und Hochschulen – zu erreichen. Schulen und Universitäten sind demnach auch weiterhin – trotz vieler ernüchternder und enttäuschender

Erfahrungen der letzten Jahrzehnte, vom menschlichen Versagen vieler Wissenschaftler im sogenannten Dritten Reich bis zu den Kämpfen in der Gruppenuniversität – die wichtigsten »Pflanzstätten« für die Kultur der allzu leicht verletzlichen Vernunft. Hier müssen der normative Vernunftappell und die Aufklärungsversuche als regulative Ideen institutionell werden.

Aufklärung und Vernunft müssen sich hierbei ihrer methodischen Grundlagen bewußt bleiben. Als regulative Ideen sind sie zunächst Mittel zur Verwirklichung eines Appells an die und zur »Mündigkeit« unter humanem Verantwortungsanspruch. Sie versprechen keine Zukunftssicherheit und garantieren keine Vernunfteschatologie und auch keinen weitreichenden Optimismus. Rationale Kritik und deren Standards, die Spielregeln des vernünftigen Gesprächs, die Strategien eines theoretischen Dialogs, die Regeln der Bestätigung oder Falsifikation von Erfahrungssätzen, logische Gesetze sowie die Beurteilung von Normen, Vorschriften und Werten im Lichte der voraussehbaren Konsequenzen und ihrer Anwendung – alle diese Regeln und Beurteilungskriterien gehören zum gleichsam methodischen Fundament der Vernunft. Die »Schule des vernünftigen Redens« (Lorenzen) zu pflegen, ist notwendige Bedingung jeder Konkretisierung vernünftigen Denkens und Handelns, sofern das Einüben dieser Grundregeln unter der Ägide kritischer Beurteilung und nicht als besserwisserisches Philosophieren mit dem erhobenen Zeigefinger geschieht. Die verschiedenartigen Verfahren rationaler Kritik, insbesondere der antidogmatischen und konstruktiven Kritik, könnten das methodische Rückgrat zur schrittweisen Institutionalisierung der regulative Idee von Vernunft und Aufklärung werden.

Der sogenannte Kritische Rationalismus, ein der Rationalität und Vernunft verpflichteter letztbegründungsfreier Kritizismus, hat sich ein solches Programm moderner Aufklärung zur Aufgabe gemacht. Obwohl am Verfahren der

Erfahrungswissenschaften abgelesen, werden die Regeln des kreativen Entwerfens und der nachträglichen kritischen Prüfung bzw. Diskussion nicht nur auf wissenschaftliche Probleme angewendet, sondern auch den rationalen Erörterungen von Normen, Werten und Wertpräferenzen sowie Zielen zugrunde gelegt.

Doch Kritik und kritische Verfahren allein sind nicht genug. Diese methodischen Ansätze bedürfen der kreativen *inhaltlichen* Ausfüllung. Der Kritische Rationalismus ist weder Weltanschauung noch Weltanschauungsersatz. Er liefert keine vollständige Philosophie, sondern ein relativ lose verbundenes Konzept methodischer Regeln. Diese Philosophie kann sich per definitionem weder zu einem total gesicherten wissenschaftlichen System etablieren – was sie auch gar nicht will – noch zu einer repräsentativen dogmatischen Philosophie, die vorgibt, auf alle Fragen zutreffende Antworten geben zu können.

Der methodische Charakter ihrer zugestandenermaßen unvollständigen Grundregeln und -konzeptionen macht diese Philosophie aber zu einem besonders geeigneten Instrument pädagogischer Schulung. Rationale Kritik als notwendige Voraussetzung für die regulativen Ideen von Vernunft und Aufklärung könnte die methodische Komponente für ein humanes pädagogisches Programm bilden; denn Erziehung zur verantwortlichen und vernünftigen Kritik (auch im Normativen) ist ein humanes Erziehungsideal für alle Bildungsinstitutionen – weit eher als die traditionelle Schulung zum angepaßten ideologischen Untertanen – gleich welcher Provenienz. Obwohl, wie erwähnt, keine optimistische Garantie für eine soziale Durchsetzung vernünftigen, global gesamtverantwortlichen humanen Denkens besteht, obwohl auch die pädagogische Institutionalisierung rationaler Kritikverfahren nur eine methodische *Vor*bedingung bietet und somit nur eine schwache Hoffnung eröffnet, muß diese Chance – eine pädagogisch auf soziale Verbreitung angelegte und noch gewisse Realisierungschancen versprechende – wahrgenommen und genutzt werden.

Zur Hoffnung auf die Institutionalisierbarkeit und soziale Durchsetzung der Vernünftigkeit gehört Mut. Es ist der Mut, von einer ungesicherten Überlebensprämisse für die Menschheit aus zu planen, ans Werk zu gehen, um eine notwendige Bedingung zu realisieren, von der man – vielleicht utopischerweise – hofft, hoffen muß, sie werde sich zusammen mit anderen Voraussetzungen als hinreichend erweisen. Der Schluß von notwendigen auf hinreichende Bedingungen freilich liefert keine Sicherheit – streng genommen ist er unlogisch. Praktisch kann man die Vernunftaussichten nur als »self-fulfilling prophecy«, als sich selbst wahrmachende bedingte Prognose, zu erfüllen, bewußt zu initiieren, zu lancieren und zu inszenieren suchen. Mangels erfolgversprechender Alternativen ist der »Mut zur Utopie der Vernunft« ein fast verzweifelt zu nennender Mut zum riskanten Planen unter Unsicherheit – ein Mut, dessen utopischer Charakter (hoffentlich nur) darin besteht, für das Handeln und Planen vorauszusetzen, daß eine Utopie sich angesichts der drängenden, bei Katastrophenandrohung geradezu Vernunft »erzwingenden« Weltprobleme einmal als unutopisch, als Nicht-Utopie, erweist. Das zitierte, von Wertprämissen ausgehende Postulat kann keine logische oder wissenschaftliche Verhaltenssicherheit von irgendeiner Verläßlichkeit liefern, aber es kann strategisches Handeln anregen und wenigstens indirekt steuern. Es kann und sollte normativ Entschlüsse mitprägen, zumindest in einschränkender Weise, indem es z.B. – und das kann schon viel bedeuten – unter humanen Aspekten unverantwortbare Handlungsaktionen ausschließt. Dies kann der Sinn einer »vernünftigen« Hoffnung auf Vernunft auch heute noch sein.

Trotz aller augenscheinlichen Gegenbeispiele ist in der gegenwärtigen Weltsituation die Hoffnung auf eine solche »sich selbst erfüllende Prophezeiung« der Vernunft doch wohl so unrealistisch nicht. Die Fernwirkungen von Waffensystemen, die Umweltverseuchung durch radioaktive Wolken, die Bevölkerungsexplosion und die potentiellen politischen Folgen von Hungerkatastrophen und ökonomischen Krisen machen deutlich, wie sehr die Bewohner des Raumschiffs Erde »in einem Boot« sitzen. Die planetarische Wirkungsverflechtung ist durch atmosphärische Nukleargroßversuche und Radioaktivitätswolken ebenso vor aller Augen wiederholt demonstriert worden wie kürzlich durch die Ölkrise.

Auch die »second-strike capability« der Supermächte, die atomare Vernichtungsüberkapazität, die auch beim Gegenschlag den Gegner noch auslöschen könnte, und die drohende Möglichkeit kontinentaler Vernichtungsschläge erzwingen beim Regelgleichgewicht des atomaren Patt eine »vernünftige« Zurückhaltung der beteiligten Großmächte im eigenen Interesse der Selbsterhaltung. Zwar ist eine absolute Sicherung gegen die Wahnsinnstat eines Verrückten nicht möglich, doch es besteht eine recht hohe Wahrscheinlichkeit (wenigstens im Sinne einer sogenannten überraschungsfreien Projektion), daß Eigenvernichtung weder als strategisch-politisches Ziel noch als kurzfristige »Lösung« gewählt werden wird.

Angesichts der globalen und lokalen Systemverflechtungen, der Auswirkungen technologischer, ökologischer, ökonomischer, politischer, sozialer Art werden notgedrungen Wertprioritäten, Zielhierarchien, Normsetzungen wieder neu diskutiert. Das »systemtechnologische Zeitalter« kann sich nicht mehr damit begnügen, zu beliebigen vorgegebenen, ausschließlich unter Einzel- und Teilinteressen entwickelten Zielen beliebig die Realisierungsmittel zu optimieren und zu produzieren. Allgemeinmenschliche Interessen, funktionale Überlebensbedingungen und -erfordernisse der Gesamtmenschheit gewinnen eine zunehmende Aktualität und Wechselwirksamkeit. Sozial- und moralphilosophische Ansätze und Argumente erhalten eine neue Dring-

lichkeit, selbst wenn sie nicht oder kaum noch unter dem
Etikett ›philosophisch‹ reüssieren können. Die Weltprobleme
drängen fast unvermeidlich zu einer praktischen »Rehabili-
tierung der praktischen Vernunft«, selbst wenn diese sich
nicht mehr in absoluten, eindeutigen moralischen Beurteilungen oder gar sozialen Direktrezepten auszuprägen vermag. Technologen, Planer, Politiker fordern »neue Werte«,
Normen und Zielprioritäten zur Integration, mindestens
aber zur Koordination von Teilzielen in einem systemhaf-
ten Zusammenhang – sei er regionaler, globaler oder abstrakt interdisziplinärer Art. Obzwar es neuer Koordina-
tionspräferenzen zur Behandlung solcher Intersystempro-
bleme bedarf, kann, sollte und darf nicht einfach jede her-
kömmliche universell menschheitsorientierte Moral durch
völlig »neue Werte« ersetzt werden. Grundwerte, wie jene
des menschenwürdigen Überlebens der größtmöglichen Zahl
auf unserem Planeten oder der Ehrfurcht vor dem Leben
jeder Kreatur unter dem Gebot der Minimierung des un-
vermeidlichen Leidens, müssen weiterhin ihre fundierende
Rolle spielen. Die Menschheit braucht auch künftig sinnvolle, nicht ideologisch auf Eigengruppen eingeschränkte
Grundbeurteilungsmaßstäbe – eben Grundwerte.

Die relative Unabhängigkeit solcher Grundwerte von ideologischen Teilgruppeninteressen, ihre »Uneigennützigkeit«
– bezogen auf Wirgruppen und einzelne Großgruppen – ist
Voraussetzung ihrer weltweiten Verbreitung auf dem Wege
zu einer in Grundzügen relativ einheitlichen Weltkultur,
auf die wir sichtbar hinsteuern. Diese Weltkultur wird
stark von der abendländischen Tradition der Rationalität,
Formalität, Wissenschaftlichkeit und Technologie geprägt
sein und doch Inseln für Eigenakzente, Eigensitten, Eigen-
traditionen in funktional nicht so entscheidenden Bereichen
belassen. Immerhin ist es interessant, daß nach dem Scheitern einer absoluten und rein apriorischen allumfassenden
Moralbegründung in der traditionellen Philosophie sich
nunmehr gleichsam *empirisch* eine geschichtliche Verein-

heitlichung zu einer Moral auf Weltebene abzuzeichnen beginnt. Die philosophische Ethik und die Metaethik müssen diesen Prozeß zusammen mit der Moralsoziologie und Kulturanthropologie erst noch analysieren.[6] (Die Analyse ethischer Sprachgebräuche und normativer Argumentationsregeln ist dabei nur eine Teilaufgabe.[7]) Die als Kern- und Minimalmoral vorauszusetzenden Grundwerte, gleichsam als die funktional relevanten, grundlegenden institutionen- und kultur- wie menschenlebensichernden Werte, die allen Teilmoralen gemeinsam sind, bedürfen der Ergänzung durch interkulturelle Toleranzwerte und durch funktionale Sicherungsnormen. Gruppenmoralen müssen ins Planetarische ausgedehnt werden, soweit dies möglich und sinnvoll ist. Die bisherige Tradition der allzusehr am unmittelbaren Sichtkontakt und Gruppenleben entwickelten Kleingruppenmoralen genügt nicht mehr im Zeitalter technologischer, unter Umständen höchst indirekter Fernwirkungen. Funktionale Werte wie der des ökologischen Gleichgewichts auf unserem Planeten, stellen gleichsam als »Ausführungsbestimmungen« Sekundärwerte zu den erwähnten humanen Grundwerten dar. Auch für deren Durchsetzung und Realisierungschancen lassen sich durch den Zwang der Umstände Übereinstimmungen finden oder erzeugen. Wer wollte schon mit der globalen die eigene kontinentale oder regionale Umwelt verseuchen?

Alles in allem: Systemhafte Verflechtungen und drohende Katastrophen »erzwingen« im systemtechnologischen Zeitalter der Fernwirkungen und globalen Wirkungsverflechtungen in gewissen Kernbereichen geradezu »planetarisch« fast einheitliche Wertorientierungen und Zielprioritäten. Der »Zwang« der Umstände begründet für die praktische Vernunft dennoch eine realistische Chance – gerade dadurch, daß in einer Welt der Fernwirkungsverflechtungen die eigenen kollektiven Selbsterhaltungs- und Selbstförderungsinteressen aller Großgruppen zunehmend auf die Verwirklichung gewisser die gesamte Erde und ihr Ökosystem einbegreifender und allgemeinhumaner Grundwerte sowie auf die Realisierung funktionaler Systemnormen und Überlebenserfordernisse angewiesen sind.

Die Idee eines Fortschreitens der Vernunft ist noch nicht unwiderruflich desavouiert. Nur das Zeitalter der optimistischen Aufklärung und der selbstsicheren *absoluten* Vernunft ist vorbei. Da es Unerfüllbares versprach, braucht ihm auch nicht nachgetrauert zu werden. Die Forderung und der Entwurf einer Strategie zur Förderung der nichtabsoluten, der nichtreinen, der *pragmatischen* Vernünftigkeit als »praktisch werdender«, als praktisch zu verbreitender, »praktischer Vernunft«, die eine soziale Aufgabe ist, können als eine der großen Herausforderungen auch unserer Gegenwart verstanden werden.

Die »Systemzwänge« des gegenwärtigen Weltzustands sind, wie angedeutet, nicht gar so ungünstig für eine langfristige Koordinierungsprognose, die Freiheit von Überraschungen und den Ausschluß von globalen oder kontinentalen Wahnsinnstaten vorausgesetzt. Unter humanen Überlebensprämissen für die Menschheit bietet sich gegenwärtig kaum eine andere Alternative, als Vernunft zu fördern und zu wagen. Entscheidungen werden in jedem Fall getroffen – ganz gleich, ob sie bewußt vom einzelnen gefällt oder, von der Gesellschaft vorgeprägt, in der Erziehung passiv-unbewußt verinnerlicht werden. Keine Entscheidung zu wagen, ist auch eine Entscheidung. Auf Vernunft zu setzen, Vernunft als regulative Idee zu verstehen, den Appell der Vernunft als Leitorientierung zu wählen – dies ist nach wie vor aktuell. Kants Plädoyer und Mahnung zur Vernunftbeachtung (1784) gewinnt gerade heute an Dramatik, wird mehr und mehr ein funktionales Erfordernis für das Überleben der Menschheit.

Vernunft als Idee und Appell – besonders als »praktische Vernunft« – ist kein Automat, der uns alle ethischen, praktischen oder politischen Entscheidungen abnimmt. Sie bildet keinen absoluten Ableitungsmechanismus für Wertungen oder Vorschriften. Sie bietet keinen Ersatz für verantwortungsvolle Mündigkeit, sondern sie erhöht die Wertbewußtheit, gibt Beurteilungsleitlinien und leistet vorbereitende Sondierung. Sie erleichtert die Entscheidung, ermöglicht Orientierung. Verantwortlich aber entscheiden müssen wir selbst. Darin besteht unsere Freiheit.

Anmerkungen

1 Das Fünfte Gebot ist eines der wenigen Gebote über zwischenmenschliche Beziehungen, die nicht nur auf autoritäre Strafandrohung durch transzendente Gottesmacht begründet, sondern auch moralisch einsichtig gemacht werden können und somit auch heute noch vollen Anspruch auf Befolgung erheben können, ganz gleich, welchen besonderen Moralkodex man zugrunde legt. Der moralischen Rechtfertigung dieses Gebots liegt die Überzeugung zugrunde, daß Leben an sich sinnvoll ist und daß insbesondere fremdes Leben das Recht auf Respektierung dieses Sinnes, ja, auf »Ehrfurcht vor dem Leben« (Albert Schweitzer) besitzt. Zur Stabilisierung der menschlichen Art und ihrer Untergruppierungen wie Institutionen, Rassen, Völker war und ist ein solches Tötungsverbot nötig, da unter Menschen eine nur schwache innerartliche Tötungshemmung gegenüber Artgenossen stammesgeschichtlich festgelegt ist. – Dem Anspruch der allgemeinen Formulierung nach ist dieses Fünfte Gebot nicht wie die anderen sozialen Normen des Dekalogs nur auf Kleingruppen und unmittelbare Beziehungen unter Sichtkontakt ausgerichtet, obwohl auch das Tötungsverbot ursprünglich aus Situationen unmittelbarer Konfrontation zwischen Partnern von Angesicht zu Angesicht entstanden sein dürfte. – Die Unklarheiten bei der Anwendung des Gebots auf manche Situationen der modernen komplexen Gesellschaften, der Fernwirkungen und der multilateralen existentiellen Abhängigkeiten globaler Art lassen sich natürlich darauf zurückführen, daß die Normensetzer des Dekalogs die Lebensbedingungen und Wirkungsmöglichkeiten einer komplexen Weltindustriegesellschaft nicht voraussehen konnten. In seiner schlichten erratischen Apodiktizität ist das Gebot zu undiffe-

renziert formuliert, um eindeutig auf Situationen indirekter und eventuell unbewußter Tötungswirkungen anwendbar zu sein.

Unklar ist auch der Anwendungsbereich des Tötungsverbots. Sollte es sich bloß auf die Mitglieder der eigenen Art, auf Menschen, beziehen? Warum nicht auch auf alles andere tierische oder gar pflanzliche Leben? Schweitzers Ehrfurcht vor dem Leben überhaupt würde auf eine viel weiter ausgedehnte Deutung des Tötungsverbots verweisen. Allerdings auch hier wieder das Dilemma: Der Mensch muß andersartiges Leben töten, um existieren zu können. Auch hier kann das umfassende Gebot mit dem totalen Anspruch gar nicht in allen Fällen gehalten werden und nicht auf alle einzelnen Fälle angewendet werden. Obwohl es als Gebot ausgedehnt werden sollte auf alles Leben, müssen doch offenbar Gradunterschiede gemacht werden: Menschliches Leben muß aus Gründen des menschenwürdigen Überlebens unserer Art Vorrang genießen vor tierischem und pflanzlichem Leben. Andererseits sollte das Verbot sich auch auf die unnötige Tötung oder Schädigung von Tieren und Pflanzen erstrecken. Es könnte und sollte sogar erweitert werden auf das Verbot jeder unnötigen Schädigung von Leib und Leben unter Einschluß psychischer Grausamkeit.

2 Es scheint kaum bekannt, daß Widersprüche in Hegels System, obwohl methodologisch noch heute höchst umstritten, auch heuristisch gedeutet werden könnten – in folgender Weise: Wenn die im folgenden zu entwickelnde Synthese den abgeleiteten Widerspruch nicht auflöste, so käme dieser voll zum Tragen und zersprengte das System; also muß die Synthese erzeugt werden, um dem Widerspruch auszuweichen. Fraglich ist nur, ob sich *eindeutig eine* Lösung, eine Synthese, so begründen läßt. – Hegel freilich wollte Widersprüche zugleich auch »aufheben« im Sinne von Aufbewahren und Auf-höherer-Stufe-Wiederkehrenlassen (vgl. Lenk 1968, z. B. S. 267, 336).

3 Whitehead (1974) bes. S. 27, 54, 61 f., 34.

4 Vgl. Lenk (1971).

5 Gehlen (1956) S. 68.

6 Als Aufgabe einer Sammeldisziplin ethischer und metaethischer Ansätze kann man es verstehen, nicht *eine einheitliche* Theorie, sondern viele verschiedene *Modelle* für Moralsysteme und die Formen des moralischen Gesprächs zu entwerfen und verfüg-

bar zu machen. Solche Modelle für *Moralen* kann man durch
bewußte Abänderung von Reichweiteregeln (die bestimmen,
auf *wen* moralische Regeln zutreffen sollen), von Relevanzregeln (die besagen, was als moralisch relevant, als belangvoller
moralischer Rechtfertigungs- oder Beurteilungsgrund gilt) und
von moralischen Grundregeln selbst bilden. *Meta*ethische Modelle für verschiedene Weisen des »moralischen« Gesprächs gewinnt man entsprechend durch die Abänderung moralischer
Relevanzregeln oder normativer Gesprächsregeln. Soweit möglich, mag man systematisch variieren. Dies reicht aber nicht
aus, da manche Regeln logisch unverbunden nebeneinander-
stehen. Die Gesamtmenge der Modelle bleibt offen. Unter
allen Modellen würden sich neben mehr beschreibenden auch
eher theoretische und ebenfalls solche mit einem normativen
Gesamtakzent finden. Diese pluralistische (viele Möglichkeiten
darstellende) Sammeldisziplin von ethischen und metaethischen
Modellen hat viele Vorteile. Der Ansatz verträgt sich gut mit
bestimmten Ergebnissen der bisherigen Metaethik und der Kulturanthropologie (vgl. z. B. Edel 1959; Brandt 1959). Er berücksichtigt durchaus die Bemühung um rational-kritische
Rechtfertigung als Kennzeichen vieler metaethischer *Teil*modelle. Ja, durch die Vielfalt der bereitgestellten Vergleichs-
möglichkeiten liefert erst sie eine notwendige Voraussetzung
für die erfolgreiche Erfüllung der Forderung nach kritischer
Rationalität, *wenn* man sich einmal für das Rationalitätsideal
entschieden hat. So ist gerade diese ethisch-metaethische Sammeldisziplin auch der Auffassung von der regelnden und kritischen Funktion metaethischer Modelle angemessen. Sie bereitet
durch Orientierung und Konstruktion von Maßstäben die kritische Entscheidung in und zwischen solchen Modellen vor und
erleichtert sie. Sie sorgt dafür, daß diese Entscheidung überhaupt *kritisch* sein kann. – Die Kulturanthropologie könnte
auf *neue* philosophische Modelle aufmerksam machen. Umgekehrt wird am Vergleich zwischen den *Modellen* und den Erfahrungen der Kulturanthropologen und Moralsoziologen getestet, wieweit ein ethisches oder metaethisches Modell eine angemessene Darstellung des Moralverhaltens oder der Bräuche
des moralischen Gesprächs in einer Kultur oder in einer Teil-
kultur (etwa einer sozialen Gruppe, Schicht usw.) liefert. *Ein*
Modell kann in einer Kultur angemessener sein als in einer

anderen und auch angemessener, als es ein anderes Modell
wäre. – Die Konkurrenz und die vergleichenden Angemessen-
heitsprüfungen erleichtern es, wenigstens ein angemessenstes
Modell zu finden. Die traditionelle Unverbundenheit von kul-
turanthropologischer beschreibender Ethik und philosophischer
normativer Ethik erweist sich immer mehr als unfruchtbar. –
Der Vergleich mit den Ergebnissen der Kulturanthropologie
und der Moralsoziologie hätte ferner den folgenden Vorteil: Es
könnte die von vielen Metaethikern ungeprüft hingenommene
Behauptung getestet werden, der inhaltliche partielle Relativismus der Moralen weite sich tatsächlich nicht zu einem »methodologischen Relativismus« der *Formen* moralischen Gesprächs
überhaupt aus. – Die methodologisch interessantesten Fragen
stellen sich an der Nahtstelle zwischen Philosophie, Sprach-
wissenschaft und Sozialwissenschaft: Wie hängen *korrekte*
Sprachgebäude mit sozialen Verhaltensnormen zusammen? Empirische Beschreibung reicht zur Erklärung und Beurteilung
ebensowenig aus wie der Aufweis logischer Möglichkeiten oder
die Konstruktion von Korrektheitsmaßstäben allein. Theoretische Erklärung, Modellkonstruktion, logische Prüfung, methodologische Bewertung, erfahrungswissenschaftliche Erhebung
und Beschreibung müssen zusammenwirken. Diesem allgemeinen Zug zur Zusammenarbeit zwischen den Wissenschaften
wird die Skizze einer solchen Sammeldisziplin von Modellen
viel besser gerecht als etwa jede bloß sprachanalytische *Beschreibung*, als jede rein semantische Metaethik. Nur durch
solch eine vielseitige Zusammenarbeit kann das »ethische Theo-
retisieren aus der Selbstisolierung zurückgebracht werden und
als das empfindliche Grenzensondieren angesehen werden, wodurch Philosophen die moralische Struktur ihrer Kultur zu ver-
feinern und zu rekonstruieren suchen« (Edel 1963).

7 Alle Regeln philosophisch-normativen Gesprächs sind nach
P. W. Taylor (Normative Discourse. Englewood Cliffs 1961)
ideale Regeln korrekter normativer Argumentation, wie sie
»jemand« in jeder Kultur »befolgen würde, wenn er völlig
rational wäre«. Sie dienen dazu, normative (z. B. moralische)
Rechtfertigungen rational »zu *regulieren*, nicht einfach, tat-
sächliche *Regelmäßigkeiten* [. . .] auszudrücken«. So aber wirken sie normativ-vorschreibend. Ihre Kulturbedingtheit ist
offensichtlich. Insbesondere hat Taylor somit das abendlän-

dische Ideal der Rationalität jeder Art von normativem Gespräch unterschoben. Damit deutet er die Rationalitätsforderung auch in die moralischen Gesprächsweisen aller anderen fremden Kulturen hinein. Doch könnten moralische Verhaltensweisen und Gespräche darüber – etwa als Zeremoniell, Ritual, als nicht rational begründete Verpflichtung oder als Ausdrücken von bloßen Begleitgefühlen – in einer Kultur üblich sein, ohne daß die Gepflogenheit rationaler Rechtfertigung in Sachen Moral befolgt oder auch nur erwünscht oder überhaupt erfunden wäre. Solche nichtrationalen Gesprächsformen nicht »metaethisch« zu nennen, wäre willkürlich. Rationales moralisches Argumentieren ist eine Erfindung, ein Brauch, aber nicht notwendig.

Literatur

Adorno, T. W. / Horkheimer, M.: Dialektik der Aufklärung. Amsterdam ²1947.

Brandt, R.: Ethical Theory. Englewood Cliffs 1959.

Edel, M.: The Confrontation of Anthropology and Ethics. In: The Monist 47 (1963) S. 489 ff.

Edel, M. und A.: Anthropology and Ethics. Springfield (Ill.) 1959.

Gehlen, A.: Urmensch und Spätkultur. Bonn 1956.

Kant, I.: Beantwortung der Frage: Was ist Aufklärung? (1784). In: Kants gesammelte Schriften. Hrsg. von der Königlich Preußischen Akademie der Wissenschaften. Bd. 8. Berlin 1968. S. 33 bis 42. (Auch in: Was ist Aufklärung? Thesen und Definitionen. Hrsg. von E. Bahr. Stuttgart 1974. Reclams Universal-Bibliothek Nr. 9714.)

Landmann, M.: Anklage gegen die Vernunft. Stuttgart 1976.

Lenk, H.: Kritik der logischen Konstanten. Berlin [usw.] 1968.

Lenk, H.: Pragmatische Philosophie. Hamburg 1975.

Lenk, H.: Kleine »nichtaufklärerische« Aufklärung über Aufklärung. In: Lenk, H.: Philosophie im technologischen Zeitalter. Stuttgart [usw.] 1971.

Marcuse, H.: Der eindimensionale Mensch. Neuwied/Berlin 1967.

Whitehead, A. N.: Die Funktion der Vernunft (1929). Stuttgart 1974.

Vgl. auch die Literaturhinweise zum folgenden Beitrag.

Reine und pragmatische Vernunft

Zur Theorie der Vernunft im Rückblick auf Kant

Kant unterscheidet nicht nur die theoretische Vernunft als
»das Vermögen der Einheit der Verstandesregeln unter
Prinzipien« (KrV B, 359[1]) – und zwar in ihrem logischen
wie in ihrem transzendentalen Gebrauch – von der praktischen Vernunft als dem Vermögen, »Bestimmungsgründe
des Willens« und des Handelns, d. h. deren »Kausalität«,
zu bestimmen (*Kritik der praktischen Vernunft*, AA V,15[2]) –
wobei die spekulativ-theoretische und die praktische Vernunft dennoch eine Einheit darstellen und »bloß in der
Anwendung unterschieden« werden (*Grundlegung zur Metaphysik der Sitten*, AA IV,391), sondern er kennt auch
einen *pragmatischen* Gebrauch der Vernunft, d. h. einen
solchen, der »keine anderen als *pragmatische* Gesetze des
freien Verhaltens, zu Erreichung der uns von den Sinnen
empfohlenen Zwecke, und also keine reinen Gesetze, völlig
a priori bestimmt, liefern kann« (KrV A, 800[3]). In der
Menschenkenntnis beispielsweise spielt die pragmatische
Vernunft eine besondere Rolle: Will man den Menschen »in
pragmatischer Hinsicht« systematisch erkennen – und zwar
über seine Bestimmung als *Natur*wesen hinaus –, so richtet
sich die pragmatische Vernunft »auf das, was *er* als frei
handelndes Wesen aus sich selber macht, oder machen kann
und soll« (*Anthropologie in pragmatischer Hinsicht*, AA
VII,119). Die Anthropologie lehrt nach Kant, »was in dem
Menschen *pragmatisch* ist und *nicht* spekulativ« (AA IX,
157). Nach Kant ist also die reine Vernunft (sei es in ihrem
theoretisch-spekulativen oder praktischen Gebrauch) von
der pragmatischen Vernunft – der pragmatischen Verwendung für das situations- und alltagsorientierte Handeln,
für das Alltagsleben, zu unterscheiden. Während das »Bedürfnis der Vernunft« im »*theoretischen* Gebrauche«

»nichts anders als reine *Vernunfthypothese* sein« kann – »d. i. eine Meinung, die aus subjektiven Gründen zum Fürwahrhalten zureichend wäre« –, ist »der *Vernunftglaube*« »in *praktischer* Absicht« »ein *Postulat* der Vernunft« (AA VIII,141) – eine notwendige Forderung, die Moralität und Autonomie des Handelns, also Freiheit, erst konstituiert.

Wie steht es hier mit der pragmatischen Vernunft? Handelt es sich bei ihren Begründungen oder Regeln auch um apriorische Hypothesen oder Postulate? Friedrich Kaulbach hat gezeigt, daß die pragmatische Vernunft im Sinne Kants, die weder auf Gesetzeskenntnis noch auf absolute, erfahrungsunabhängige Postulate reduziert werden kann, wesentlich geschichtlich bedingt ist, zur »Erfahrenheit von Welt und Leben führt«, aber eine solche Erfahrenheit auch voraussetzt, grundsätzlich auf Einbettung in eine »Lebenswelt« angewiesen ist und ihre besondere Leistung in der Orientierung – und auch Umorientierung – des Denkens ausübt.[4] Während Kaulbach den Kantschen Ansatz von der grundsätzlichen Verschiedenheit der reinen und der pragmatischen Vernunft annimmt, zeigt er, daß dem pragmatischen wie auch dem transzendentalphilosophischen Denken etwas gemeinsam ist – wie z. B. »die Wendung zur Subjektivität«, eine systematisierend-vereinheitlichende Funktion sowie – wenigstens im praktischen Gebrauch – die Bezogenheit auf Zwecke.[5] Insofern »pragmatische Vernunft [...] also auch Kenntnis der Zwecke« einschließt, enthält sie »sittliche Erkenntnisse«, die eben »im Weltgetriebe« dazu dienen können, »Aufklärung zu leisten und Vernunft zu realisieren«: »So geht pragmatische Vernunft unmittelbar in praktische Vernunft über«.[6] Auch die nichtwissenschaftliche Erfahrung, die Bildung von »Erfahrenheit«, bedarf einer subjektivitäts- bzw. personenspezifischen Integration: Dies »bedeutet für die Vernunft eine Herausforderung zu jeweils einer angemessenen Bewegung des Einigens und des Stiftens von Zusammenhang«.[7] Nach Kaulbach ist es so »auch der pragmatischen Vernunft [...] um System und damit um ein Ganzes zu tun: denn das Ganze ist hier die Welt, ›der Schauplatz, auf dem wir alle Erfahrung anstellen werden‹.«[8] Aufgeklärtheit, Orientierungsfähigkeit, Urteilsfähigkeit, einen solchen »Reifezustand unseres pragmatischen Bewußtseins« bezeichnet Kant als »Erfahrenheit«[9] (AA II, 312). »Pragmatische Vernunft hat Interesse an dieser Erfahrenheit, um das Leben überlegen beurteilen und sich als erfolgreich erweisen zu können«.[10]

Trotz der von ihm skizzierten engen Verbindung zwischen praktischer und pragmatischer Vernunft interpretiert Kaulbach zu Recht, daß es sich bei der Behandlung des pragmatischen Gebrauchs der Vernunft um »eine Art inoffizieller Philosophie Kants« handelt, »in welcher er den Fragen und Antworten des dem unmittelbaren Leben und seiner Bewältigung zugewandten Denkens Raum gibt«.[11] Weltkenntnis und Erfahrenheit im Sinne der pragmatischen Vernunft werden eben »nicht durch wissenschaftlich-methodisches Verfahren in der theoretischen Vernunft gewonnen: Vielmehr gehört zu ihr die Kunst, die ›erworbenen Erkenntnisse in Anwendung zu bringen und einen seinem Verstande, so wie den Verhältnissen, in denen man steht, gemäßen, nützlichen Gebrauch von ihnen zu machen, oder unsern Erkenntnissen das *Praktische* zu geben‹«.[12] (AA IX,157 f.)

Über Kaulbachs gerechtfertigte Kantinterpretation hinausgehend, soll im folgenden Beitrag aufgrund neuerer wissenschaftsphilosophischer und wissenschaftstheoretischer Entwicklung die Verbindung zwischen pragmatischer Vernunft und der transzendentalen Konstitution von Erkenntnis wesentlich enger gezogen werden – im Sinne einer pragmatischen (wenn man so will – sogar in gewissem Sinne pragmatistischen, wenn auch nicht einem orthodoxen Satzpragmatismus verhafteten) Philosophie. Es geht um die Idee, daß letztlich auch Kriterien und Methoden der Wissenschaft sich pragmatisch rechtfertigen müssen, nachdem der Begründungsrationalismus, dem auch Kant mit seiner transzendentalen Deduktion der Bedingungen und Strukturen jeder möglichen wissenschaftlichen Erkenntnis überhaupt anhing, sich in der von ihm vorgelegten Form nicht als gesichert durchführbar erwiesen hat. Eine Art transzendentalen Arguments kann dabei durchaus ähnlich wie bei Kant beibehalten werden: Zu berücksichtigen sind darüber hinaus nur vorsichtigere Thesen über Rolle und Status der Vernunft, ferner die Rolle der Sprache, der Sprachgemeinschaft sowie der Normierung, Standardisierung und Begründung von Normen und Regeln, denen Wissenschaftler, aber zum Teil auch die Alltagserfahrung folgen. Der fundamentale Unterschied zwischen wissenschaftlicher Erkenntnis und Alltagserkenntnis bzw. Erfahrung wird dabei als prinzipiell geringer eingeschätzt: Theoriengeleitet sind *beide* Erfahrungsweisen. Bewährung und Argumente für Bewährungskriterien finden sich in beiden Bereichen. Es ist nur darauf zu achten, daß die »pragmatische Deduktion« keineswegs die Korrespondenzidee der Wahrheit aufgeben muß, sich also nicht in einen kurzschlüssigen Konsensuspragmatismus auflöst. Die zentrale These der nachfolgenden Ausführung ist also, daß es eine Möglichkeit der Vermittlung zwischen dem transzendentalphilosophisch-theoretischen und dem pragmatischen Ansatz gibt, ohne daß die regulative Leitidee der Korrespondenztheorie der Wahrheit aufgegeben und ohne daß man einem orthodoxen Wahrheitspragmatismus anheimfallen muß.

Wie erwähnt, definiert Kant Vernunft als *»das Vermögen der Prinzipien«* (KrV A, 299), als »das Vermögen der Einheit der Verstandesregeln unter Prinzipien« (ebd., 302) – ein Vermögen, das über die bloße Verstandestätigkeit, regelhafte Einheit der Erscheinungen herzustellen, aber auch über den bloß logischen Vernunftgebrauch des formalen Schließens (ebd., 299) hinausgeht. Kant definiert leider nicht, wie er den Ausdruck »Vermögen« hier verstanden wissen will. (Selbst der Ausdruck »Erkenntnisvermögen« wird nur erläuternd geschildert (*Kritik der Urteilskraft,*

AA V,178), aber nicht deutlich definiert.) Der Ausdruck »Vermögen« bei Kant kann daher, wenn dieser ihn in seinem transzendentalen Gebrauch verwendet, sehr leicht mißverstanden werden. Kant stellt aber ausdrücklich fest: »Die reine Vernunft, als ein bloß intelligibles Vermögen, ist der Zeitform, und mithin auch den Bedingungen der Zeitfolge, nicht unterworfen« (KrV A,551); »sie, die Vernunft, ist allen Handlungen des Menschen in allen Zeitumständen gegenwärtig und einerlei, selbst aber ist sie nicht in der Zeit, und gerät etwa in einen neuen Zustand, darin sie vorher nicht war; sie ist *bestimmend*, aber *nicht bestimmbar* in Ansehung desselben« (ebd. 556).

Kants Begriff der reinen Vernunft bezieht sich also nicht auf ein psychisches Vermögen des Menschen, sondern ausschließlich auf die transzendentale Einigungsfunktion des erkennenden Subjekts – es handelt sich nicht um eine zeitlich zu erfassende Disposition, sondern um eine durch den Ausdruck »Vermögen« nur metaphorisch zu erfassende notwendige Bedingung der Erfahrungseinheit überhaupt. Es handelt sich also um eine idealtypische Konstruktion. Kant wollte zweifellos keine abstrakte Psychologie der Vernunft des Menschen entwerfen, sondern Kants Vernunftideal ist wie sein »Grundsatz der absoluten Totalität der Reihe der Bedingungen« (also der Grundsatz vom notwendigen Fortschreiten über das Bedingte hinaus zum Unbedingten) selbst »ein *regulatives* Prinzip der Vernunft« (ebd. 509). Konstruktion und Konzeption der reinen Vernunft bilden selbst eine aus dem transzendentalen Ansatz gewonnene zeitlose idealtypische Funktionsstruktur. Die idealtypische reine Vernunft stellt also selbst eine regulative Idee im Sinne Kants dar[13] – eine analytische Konstruktion zur transzendentalen Erklärung der Erkenntnis. Reine Vernunft liefert, wie Kant häufig betont, keine Erkenntnis im Sinne der Wissenschaft, kein Wissen, keine Gesetzeserkenntnis, keine materiale Verbindung, sondern nur eine idealerweise konstruierte abstrakt-formale Verbundeinheit. Sie »funktioniert« logisch, nicht zeitlich oder psychisch. Es gibt kein psychisches oder transzendental-psychologisches Vermögen eines abstrakten transzendentalen Ich, das trotz des transzendentalen Charakters mit, wie man in fehlerhafter Analogiebildung meinen könnte, quasi-psychischen Dispositionen ausgestattet wäre. Die Konstruktion der reinen Vernunft ist ein abstrakt-idealtypisches Modell. Dies gilt für die reine spekulative wie für die reine praktische Vernunft gleichermaßen. (Entsprechend ist auch das oben erwähnte »Bedürfnis der Vernunft« nicht empirisch-psychologisch oder zeitlich-dispositionell zu interpretieren.)

Ausgehend von dem Faktum der Erkenntnis – bzw. bei der praktischen Vernunft: vom Faktum des Handelns, das angesichts der Verantwortlichkeit als autonom zu verstehen ist – konstruieren wir uns ein erkenntnistheoretisches Modell vom logischen und Einigung stiftenden Funktionieren der Vernunft ohne Bezug auf zeitliche Abfolgen und kognitionspsychologisch zu erfassende Fähigkeiten. Die Vernunft ist also nicht ein jedem Menschen zukommendes Vermögen, sondern die Idee einer abstrakten konstitutiven Verbundeinheit, einer logischen Einheitsfunktion, ihrer Formen und Bedingungen. Die Vernunft existiert nicht als psychisches Vermögen, als psychologisch zu beschreibender Faktor oder als Agens des Denkens, sondern sie »existiert« nur als notwendige Bedingung der Erkenntniseinheit, der Stiftung von Zusammenhängen in der Erkenntnis, als (notwendige) »Bedingung der Möglichkeit der Erfahrung« – und zwar sowohl der wissenschaftlichen als auch der Alltagserfahrung, soweit theoretische Konzepte in sie eingehen.

Wenn Albert als wesentliches Ergebnis seiner Diskussion über die »Seinsverbundenheit des Denkens« die »These der *Nicht-Existenz einer ›reinen Vernunft‹*« formuliert[14] – eine These, die übrigens schon Nietzsche pointiert verfocht–, so trifft diese Konsequenz nicht das analytisch-transzendentale Erkenntnismodell Kants, denn die reine Vernunft Kants kann nicht als ein tatsächlich auftretendes Denken

verstanden werden, sondern nur als eine idealtypische,
noch inhaltsleere Modellstruktur menschlichen Problemlösungsverhaltens, die im wesentlichen in der Feststellung
besteht, daß eine Verbundeinheit in bezug auf den Eini-
gungspol, genannt »erkennendes Subjekt«, gedacht werden
muß, ohne welche menschliche Erkenntnis nicht möglich
wäre. Daß das menschliche Denken nicht »frei ist von
allen Einflüssen vitalen, motivationalen und sozialen Charakters«, daß »das menschliche Problemlösungsverhalten
[...] auch da, wo die Lösungen, die von ihm produziert
werden, bestimmten Standards entsprechen und bestimmten
Idealen nahekommen und daher als *gültig* angesehen werden, *faktisch* davon abhängig [ist], daß bestimmte Bedingungen realisiert sind, deren Nichtvorhandensein einen
anderen Ablauf dieser Tätigkeit und damit im allgemeinen
auch andere Resultate zur Folge hätte«[15] – diese »Kontextabhängigkeit des menschlichen Problemlösungsverhaltens«[16]
ließe sich durchaus noch mit dem abstrakten transzendentalen Modell der Kantschen Erkenntnistheorie vereinen.
Wenn Erkenntnis aber stets problembezogen, nur in einer
Problemsituation, aufgrund einer Problemstellung möglich
ist, wenn Erkennen grundsätzlich ein (theoretisches) Problemlösen, ein Problemlösungs*handeln* ist, dann muß sich
freilich auch jede noch so grundsätzliche und generelle
Erkenntnistheorie auf notwendige Bedingungen und Strukturen des Problemlösungsverhaltens einlassen. Probleme
können sich nicht unabhängig von einer Problemsituation,
von einer Problemstellung samt deren (geschichtlicher) Entwicklung und der sozialen Einbettung der Zielsetzung, die
mit Problemstellung und Problemlösung verbunden ist,
darstellen bzw. verstehen lassen. *Probleme sind strukturell
pragmatisch*, in pragmatische Zusammenhänge erkennender,
handelnder Menschen und ihrer Situationen (stets auch
einer sozialen Situation) eingebunden. Soweit Erkennen
– sei es im Alltag oder in der Wissenschaft – Problemlösungshandeln darstellt oder modellartig formal typisiert,

ist Erkennen stets – wenigstens prinzipiell – strukturell an pragmatische Umstände gebunden. Wenn nach Kant das »Bedürfnis der Vernunft« sich als ein Orientierungsbedürfnis artikuliert und im »*theoretischen* Gebrauche [...] nichts anders als reine *Vernunfthypothese*«, also »nur bedingt« und durch das Subjekt gebildet ist (AA VIII,137, 141, 139), dann ist die pragmatische Einbindung des problemlösenden Erkennens eben in sogenannte pragmatische Umstände – wie sie von Kaulbach unter den Kategorien »Leiblichkeit«, »Standpunkt«, »Geschichtlichkeit«, für eine jede Erfahrungsbeschreibung konzipiert werden[17] – notwendig strukturell impliziert. Der reine »βίος θεωρητικός« ist eine utopische Abstraktion – ebenso wie das reine erkennende Subjekt. Probleme löst der *Mensch*, nicht ein zeitloses erkenntnistheoretisches Subjekt; Erkennen (als Problemlösen), Denken als vernünftiges Sich-Orientieren kann ebenfalls nur ein Wesen in der Welt – und es kann dies nicht ohne Welt, ohne Einbeziehung von Situationsstruktur, Erkenntnisapparatur, persönlich-geschichtliche Kontinuität und Identität. Wenn anhand einer solch abstrakten Analyse allein auch noch nichts Inhaltliches über Situation und Geschichte ausgesagt werden kann, so muß für ein angemessenes Erkenntnismodell – auch unter transzendentalen Gesichtspunkten – doch prinzipiell das *Vorhandensein* der genannten Faktoren und Strukturen vorausgesetzt werden. Pragmatische Einbindung, pragmatische Bezüge sind unverzichtbar.

Ist Erkennen (theoretisches) Problemlösen, liegt die Lösung eines Erkenntnisproblems in der Auswahl von Hypothesen, so ist Erkennen kriteriengeleitetes *Handeln*. Hypothesen werden anhand von Kriterien, meist Bewährungskriterien, ausgewählt. Auswahl ist Prozeß oder Resultat einer Auswahlhandlung. Bewährung kann nur aufgrund der Anwendung eines Kriteriums beurteilt werden. Kriterien sind stets auf ein »Wofür« bezogen. Kriterien sind pragmatisch »geladen«. Für Kriterien kann man im Blick auf Problemlösungen im weiteren Sinne pragmatistisch argumentieren. Ein Kriterium einer Hypothesenauswahl kann *sich bewähren*. Kriterien sind als Teile von Beurteilungsmethoden auf Angemessenheit und Wirksamkeit angelegt – und zwar auf kontrollierbare, generelle, systematisch zu garantierende Angemessenheit und Wirksamkeit. Als solche verweisen sie auf die »fundamental soziale Dimension von Methoden«,[18] auf Eingebundenheit in pragmatische Kontexte.

Im Gegensatz zum traditionellen Satzpragmatismus (thesis pragmatism), der Sätzen Wahrheitswerte entsprechend ihrer Fruchtbarkeit bzw. Nützlichkeit zuschrieb, entwickelt Rescher[19] einen *methodologischen* oder *Kriterienpragmatismus,* »der feststellt, daß ein Satz akzeptiert werden soll (d. h. als wahr gilt), wenn er einem epistemisch gerechtfertigten Kriterium entspricht, und daß ein Kriterium dann gerechtfertigt ist, wenn *seine Annahme als Gattungsprinzip für Satzakzeptierung* maximal erfolgbringend (= nutzenbringend)« ist, d. h. sich bewährt. (Einen Satz, bzw. eine Hypothese als wahr einzuordnen, zählt somit als eine *kognitive Handlung*, die Kriterien unterliegt, welche ihrerseits mehr oder weniger nützlich sein, sich mehr oder weniger bewährt haben können.) Dieser »methodologische Pragmatismus« braucht keineswegs mit einem Satzpragmatismus einherzugehen, wie Rescher zeigt. Der methodologische Pragmatismus dieser Art kann sich durchaus mit einer Korrespondenztheorie der Wahrheit (Wahrheit ist »Übereinstimmung« mit Tatsachen) verbinden. Es wird nicht gegen oder für die Wahrheit von Sätzen unter Bezug auf pragmatische Umstände und eine pragmatistische Nutzenbeurteilung argumentiert, sondern ausschließlich für den *Nutzen bzw. die Bewährung von Auswahlkriterien.* Wenn man die Wahrheit als Idee versteht, der man sich unter Umständen – was aber nicht garantiert werden kann – nur von fern mehr und mehr nähern kann, so kann man nur glauben, daß der Erkenntnisfortschritt in Richtung auf einen stets wachsenden empirischen Gehalt erfahrungswissenschaftlicher Theorien oder entsprechender Alltagskonzepte durch relativ gut bewährte Kriterien wahrscheinlich gemacht werden kann. Für die Kriterien und ihre Bewährung läßt sich anhand vergangener Erfolge und alternativer Vergleiche argumentieren. Nicht zufälliger, sondern ständiger systematischer Erfolg einer Methode bzw. eines Kriteriums kann als relativer Indikator der Wahrheit (wenigstens der »Wahrheitsnähe« oder des Erkenntnisfortschritts) gelten. Handlungen aufgrund falscher Voraussetzungen (etwa aufgrund irrtümlicher Ansichten) können gelegentlich erfolgreich sein, sie können aber nicht ständig, systematisch Erfolge ergeben. Es ist sicherlich eine annehmbare erkenntnistheoretische Hypothese, daß systematische pragmatische Erfolgsträchtigkeit einer Forschungsmethode bzw. eines Beurteilungskriteriums mit der Wahrheit der auf ihr beruhenden (bzw. durch es beurteilten) Sätze positiv (hoch) korreliert.[20] Rescher gibt hierfür Gründe an – metaphysische Annahmen über die Forscher und die Außenwelt wie etwa: daß die Menschen aktiv sind, nach theoretischen Konzepten, aufgrund von Meinungen ihre Handlungen durchführen; Menschen sind weder systematisch pervers, indem sie ihre eigenen Ansichten mißachteten, noch systematisch verrückt, indem sie ihren eigenen Bedürfnissen zuwiderhandelten. Forscher treten in Wechselwirkung mit der Außenwelt und reagieren sensitiv auf Rückmeldungen aus dieser. Es gibt so etwas wie eine Kontinuität der methodologischen Beurteilungen und des methodischen Vorgehens sowie eine bestimmte Konstanz der Ziel- oder Zweckorientiertheit. Über die Welt werden metaphysische Annahmen gemacht – wie etwa, daß die Natur auf menschliche Interventionen relativ gleichförmig und nicht-verschwörerisch gegenüber unseren Erkenntniszielen reagiert usw.[21] Rescher deutet eine »metaphysische Deduktion« von bestimmten faktischen methodischen Realitäten der Forschungs- und Erkenntnispraxis aus transempirischen regulativen Prinzipien zur Erklärung und Beurteilung der entsprechenden methodischen Prakti-

ken an. Im Sinne eines Plausibilitätsarguments werden For-
schungspraktiken, Methoden und Kriterien nach pragmatischen Gesichtspunkten auf Angemessenheit hin beurteilt,
wobei gewisse sehr allgemeine abstrakte metaphysische Annahmen zugrundegelegt werden. Dieser methodologische
Pragmatismus ist also kein orthodoxer wahrheitsdefinieren-
der Satzpragmatismus, wie er bereits von M. White (1956)
kritisiert worden ist. Sondern er gibt nur Anhaltspunkte,
Indikatoren für die generelle hypothetische Zuschreibung
von Wahrheit zu erfolgreichen theoretischen Entwürfen,
und er verbindet die Philosophie der theoretischen Erkenntnis mit pragmatischen Umständen, Hintergründen, »Lebensformen«.

Der Graben zwischen der theoretischen Philosophie und
dem pragmatischen Philosophieren – eine Kluft, die Kant
noch für letztlich unüberbrückbar hielt, weil sie durch
gänzlich verschiedene Aspekte auf beiden Seiten gezogen
sei – wird nunmehr durch diese pragmatische Anbindung
des theoretischen Elements an Umstände des Problem-
lösungshandelns zugeschüttet, zumindest konstitutiv überbrückt. Wenn die absolute rationalistische Begründung der
theoretischen Erkenntnis nicht mehr auf die Gewißheit
einer reinen Vernunft, losgelöst von Problemsituation, Problemstellung und Geschichte der theoretischen Konzepte,
bauen kann, so bietet die pragmatische Vermittlung einen
systematischen Ausweg, der sich selbst skrupulösen philo-
sophisch-analytischen und wissenschaftstheoretischen An-
sprüchen gewachsen zeigen könnte. Unter dem geschilder-
ten pragmatischen und methodologisch-pragmatistischen
Ansatz, unter diesem nicht-orthodoxen neopragmatistischen
Gesichtspunkt können gewisse zentrale Ergebnisse des transzendentalphilosophischen Kantschen Entwurfs etwa mit
dem neokritizistischen Modell von Entwurf, Kritik und
Bewährung bei Popper vereinigt werden, wenn man gewisse
Beschränkungen und Modifikationen des Kantschen Ansatzes wie des ursprünglichen »naiven Falsifikationismus«

Poppers hinnimmt. Das Modell des letztbegründungsfreien neokritizistischen »Rationalismus« – das Konzept von Entwurf, Kritik und Bewährung, kurz: Kritik und Konstruktion – ist selbst als ein Insgesamt von methodologischen Kriterien aufzufassen, für die neopragmatistisch (im Sinne des skizzierten methodologischen Pragmatismus) argumentiert werden kann. Nicht »Was fruchtbar ist, allein ist wahr« (Goethe) gilt hier, sondern bewährte methodologische Kriterien werden als fruchtbarer angesehen, d. h. als solche, die mit höherer Wahrscheinlichkeit zu »wahren« Sätzen führen, erfolgreiche Prognosen und Erklärungen erlauben.

Wenn Kaulbach zu Recht darauf verwies, daß die pragmatische Vernunft in reine praktische Vernunft übergehe, so kann man nach dem Zusammenbruch des rein spekulativ-theoretischen Vernunftapriorismus und -absolutismus auch umgekehrt feststellen: Theoretische Vernunft kann unter dem generellen Aspekt, daß Erkennen Problemlösen sei und Problemlösungshandeln erfordere, prinzipiell nur als pragmatisch eingebettet verstanden und als durch pragmatische Gesichtspunkte (eben methodologisch-pragmatistisch) zu rechtfertigen gedeutet werden. Vernunft – auch die nur idealtypisch zu fassende theoretische Vernunft – kann nicht in absoluter Isolierung vom Handeln und Leben bestimmt werden.[22] Erst in dieser Einbindung wird das Abstraktum »theoretische Vernunft« als analytisches Konstrukt innerhalb eines Versuchs der Rekonstruktion von Erkenntnisprozessen verständlich. Das pragmatische Philosophieren erst erlaubt eine praxisnahe Rekonstruktion der theoretischen Vernunft, deren Idealtypik bleibt, aber eben an das Problemlösungshandeln nahtlos angeschlossen wird. Die spekulativ-theoretische Philosophie kann so nicht nur wieder auf die Füße, sondern auf den Boden gestellt, mit Erdkontakt versehen werden. Da methodologische Kriterien *Normen* darstellen, kann der geschilderte Vermittlungsversuch im Pragmatischen nicht nur die theoretische und die

praktische Vernunft miteinander in einsichtiger Weise ver-
knüpfen, sondern im pragmatischen Philosophieren und
seinem methodologischen Pragmatismus auch eine Verbin-
dungslinie zwischen normativer Wissenschaftstheorie, de-
skriptiver Theoriebildung, der transzendentalphilosophischen Perspektive und Bewährungsmethodologien herstellen. Für die Erkenntnistheorie mag sich eine neue modifizierte Variante eines undogmatischen Kantianismus, der
zugleich ein Neokritizismus und kritischer Realismus sowie
ein methodologischer Pragmatismus ist, ergeben.

Der skizzierte Zusammenhang zwischen dem transzendentalphilosophischen Ansatz und dem pragmatischen Philosophieren zeigt, daß der Vorwurf, hier werde »das Philosophieren auf pragmatisches Philosophieren ein[ge]schränkt
und die klassischen Systeme [würden] als überholte absolutistische Theorien pauschal abqualifiziert«,[23] nicht zutrifft.
Trotz oder gerade wegen der pragmatischen Einbindung
des Philosophierens kann gerade so eine noch heute akzep-
tierbare Variante der theoretischen Philosophie auf einer
nichtdogmatischen, nichtabsolutistischen Basis zu einer gewissen »Einheit der Prinzipien« als »eine[r] Forderung der
Vernunft« (KrV A,305) führen. Vielleicht hatte auch
Kaulbach dies im Sinne, wenn er schrieb: »Auch pragmatische Vernunft orientiert sich also schließlich an ihrer eigenen Subjektivität, ihrem Bedürfnis nach umfassender Einheit: Man könnte Kantisch geradezu von einem reinen
pragmatischen Vernunftglauben sprechen, den man zum
Orientierungspunkt zu machen hätte.«[24] Daß die pragmatische Vernunft soziale Bezüge und »sprachliche Kommunikation«, »Lebenswelt« und »Lebensform«, Geschichtlichkeit und Gesellschaftsorientierung – schon durch ihre Kri-
terien- und Methodennormierung – enthält, wird auch von
Kaulbach betont.[25] Nur kann der Unterschied zwischen rein
theoretischer Erkenntnis und einer Art von Weltorientierung durchaus mit Hilfe theoretischer Konzepte (»naiver
Theorien«, wie kognitive Psychologen heute sagen) weder

als so groß noch als unüberwindbar gelten, wie Kant es wohl noch meinte. Faßt man Erkennen als Problemlösungshandeln, so läßt sich eine Brücke von der rein theoretischen Philosophie zu der des Handelns und des handelnden Menschen schlagen, ohne daß ein kritischer Realismus oder die Wahrheitsidee aufgegeben werden müßten. Im Lichte der pragmatischen Vernunft sucht »das vorstellende Bewußtsein« »nach den Ansatzpunkten, von denen aus man im Weltgetriebe Aufklärung zu leisten und Vernunft zu realisieren vermag«[26] – nicht in Isolierung von, sondern im fundierenden Zusammenwirken mit der theoretisch-problemlösenden Vernunft. Kants Mahnung bleibt dabei – berücksichtigt man die idealtypische Formulierung – nach wie vor aktuell: »Nehmt an, was Euch nach sorgfältiger und aufrichtiger Prüfung am glaubwürdigsten scheint, es mögen nun Facta, es mögen Vernunftgründe sein; nur streitet der Vernunft nicht das, was sie zum höchsten Gut auf Erden macht, nämlich das Vorrecht ab, der letzte Probierstein der Wahrheit zu sein« (AA VIII,146).

Anmerkungen

1 Kant: Kritik der reinen Vernunft. 1787 (hier und im folgenden zit. als: KrV B), S. 359.

2 Kant: Kritik der praktischen Vernunft. In: Akademie-Textausgabe. Bd. 5 (hier und im folgenden zit. als: AA V), S. 15.

3 Kant: Kritik der reinen Vernunft. 1781 (hier und im folgenden zitiert als: KrV A), S. 800.

4 Kaulbach (1966) S. 60 ff., bes. 66 ff., 70, 73, 75.

5 Ebd., S. 64, 73, 69.

6 Ebd., S. 69.

7 Ebd., S. 73.

8 Kaulbach (1969) S. 295.

9 Kaulbach (1966) S. 66 f. und Kaulbach (1969) S. 296.

10 Kaulbach (1969) S. 296.

11 Ebd., S. 294.

12 Ebd., S. 295.

13 Vgl. auch Lenk (1975) S. 47. Vgl. auch das in diesem Band
   vorausgehende Kapitel.
14 Albert (1968) S. 91.
15 Ebd.
16 Ebd., S. 92.
17 Kaulbach (1968) S. 466 ff.
18 Rescher (1977) S. 73.
19 Ebd., S. 71 f.
20 Ebd., S. 20.
21 Ebd., S. 83–89.
22 Mit Bezug auf Kants *Opus postumum* geht auch Kaulbach auf
   die durch die *Metaphysischen Anfangsgründe der Naturwissenschaft* ansatzweise geleistete Vermittlung zwischen Tran-
   szendentalphilosophie einerseits und den kognitivtheoretischen
   Handlungen, ja, dem Handeln allgemein, ein: Die Stellung
   des Subjekts hinsichtlich der ihm möglichen und der von ihm
   gewählten Weltbeschreibungen wird in Zusammenhang gebracht mit den Aufgaben- und Handlungsmotivation des Erkennenden: »Was hier das scheinbare Aussehen von Erkenntnistheorie hat, gehört in Wahrheit zur Handlungstheorie. In
   dieser Perspektive ergibt sich, daß der Erkennende in Freiheit
   eine Erkenntnis*situation* annimmt, in der ihm z. B. die Aufgabe gegeben ist, in jeder einzelnen Erkenntnis die Gegenwart
   des *Systems* im ganzen, also einer Welttotalität von Bezügen
   zu sehen. In jeder einzelnen Wahrnehmungshandlung und der
   in ihr sich ergebenden Erfahrung ist die Gegenwart dieser
   Welt zu sehen, in die ich mich versetze. In diesen vom metaphysischen Denken für die Fundierung wissenschaftlicher
   Aufgabenerfüllung entworfenen Weltzusammenhang muß sich
   der Denkende selbst hineinversetzen: auch als leibliche Existenz. Das heißt, daß er sich als den dieser Welt zugeschrie-
   benen Kräften selbst ausgesetzt zu denken hat [...] Damit
   eröffnen sich Perspektiven, in denen ein auf Kantische Werke
   blickender Interpret auf gedankliche Möglichkeiten aufmerksam wird, die in der bisherigen Arbeit an Kant unbeachtet
   geblieben sind. Er wird schärfer auf den handlungstheoreti-
   schen Akzent in den scheinbar ›erkenntnistheoretischen‹ Erörterungen der Vernunftkritik aufmerksam sein und darauf
   achten, daß Kant den Erkennenden in eine Situation gestellt
   sieht, in welcher er seine theoretischen und praktischen Auf-

gaben durch Standnehmen auf dem Boden einer von ihm selbst entworfenen Welt zu erfüllen vermag« (Kaulbach 1976, S. 348).

23 Pieper (1977) S. 116.
24 Kaulbach (1966) S. 71.
25 Ebd., S. 74, 70.
26 Ebd., S. 69.

Literatur

Albert, H.: Traktat über kritische Vernunft. Tübingen 1968. ³1975.

Kant, I.: Kants gesammelte Werke. Hrsg. von der Königlich Preußischen Akademie der Wissenschaften. 23 Bde. Berlin 1900 ff.

Kaulbach, F.: Weltorientierung, Weltkenntnis und pragmatische Vernunft bei Kant. In: Kaulbach, F. / Ritter, J. (Hrsg.): Kritik und Metaphysik. Studien. Heinz Heimsoeth zum 80. Geburtstag. Berlin 1966. S. 60–75.

Kaulbach, F.: Philosophie der Beschreibung. Köln/Graz 1968.

Kaulbach, F.: Immanuel Kant. Berlin 1969.

Kaulbach, F.: Kants Metaphysik der Natur, Weltidee und Prinzip der Handlung bei Kant. In: Zeitschrift für Philosophische Forschung 30 (1976) S. 329–349.

Lenk, H.: Hat Vernunft noch Chancen? Die Idee der Vernunft als regulative Vernunftidee: Zur Uminterpretation von Kants Aufklärungs- und Vernunftphilosophie. In: Lenk, H.: Pragmatische Philosophie. Plädoyers und Beispiele für eine praxisnahe Philosophie und Wissenschaftstheorie. Hamburg 1975. S. 38–55.

Pieper, A.: [Rezension von] Hans Lenk: Pragmatische Philosophie. In: Philosophischer Literaturanzeiger 30 (1977) S. 112 bis 116.

Rescher, N.: Methodological Pragmatism. A Systems-Theoretic Approach to the Theory of Knowledge. Oxford 1977.

White, M.: Toward Reunion in Philosophy. Cambridge (Mass.) 1956.

Zu ethischen Fragen des Humanexperiments

In Immunitätsexperimenten injizierten Mediziner einer klinischen Forschungsgruppe 22 Versuchspersonen aktive Krebszellen; den Krankenhauspatienten wurde nur gesagt, daß sie »einige Zellen« empfingen. Ein Teil eines besonders bösartigen Melanoms wurde von einer krebskranken Tochter einen Tag vor ihrem Tode auf ihre Mutter verpflanzt, die ihr Einverständnis erklärt hatte, um ein »besseres Verständnis der Krebsimmunität zu gewinnen und in der Hoffnung, daß die Produktion von Antikörpern hilfreich für die Behandlung des Krebspatienten sei«; die Mutter starb ein wenig über ein Jahr später an den Metastasen. Hepatitis wurde durch künstliche Infektion bewußt auf geistesgestörte Kinder übertragen – mit Einverständnis der Eltern. 157 Patienten einer Kontrollgruppe mit Typhus wurde das wirksame Chloramphenicol vorenthalten, um die Rückfallrate zu studieren und die geringere Sterblichkeitsrate zu bestätigen: 23 Patienten mehr als in der effektiv therapierten Gruppe starben in der Kontrollgruppe. 11 zwischen dreieinhalb Monaten und 18 Jahren alten Patienten, denen wegen eines angeborenen Herzfehlers eine Operation bevorstand, wurde die Schilddrüse vollständig entfernt, um die Verträglichkeit und Akzeptanz einer Hautübertragung zu studieren. Eine Gallenblasenkontrastfüllungsstudie unter Röntgenkontrolle wurde bei 26 gesunden Babys in deren ersten zwei Lebenstagen vorgenommen. Eine Gruppe schwarzer Patienten/Versuchspersonen mit Syphilis seit den dreißiger Jahren wurde auch nach 1945 nicht mit Penizillin behandelt, damit man »ungestört« den Verlauf der Krankheit studieren konnte; »vermutlich starben einige Männer, die hätten geheilt werden können, an der Krankheit«.

Dies sind nur einige der am schwersten wiegenden ausgewählten Fälle von Verletzungen ethischer und rechtlicher Normen sowie des hippokratischen Eides, die Beecher (1966) zusammengestellt hat.[1] Pappworth (1968) sammelte in England mehr als 500 Artikel, die auf unethischen medizinischen Experimenten basieren. 12 % der Arbeiten des Jahrgangs 1964 einer hervorragenden medizinischen Zeitschrift schienen Beecher bei einer seiner Stichproben »un-

ethisch« zu sein. Fünfzig von Beecher als »unethisch« ein-
gestufte Studien verwiesen auf 186 weitere, wahrscheinlich
ebenso zu beurteilende. – Barbers soziologische Studie über
experimentelle Gepflogenheiten in vielen hochangesehenen
biomedizinischen Forschungsinstituten ergab darüber hinaus, daß ärmere Krankenhauspatienten, Anstaltsinsassen,
Gefängnisinsassen und Kinder mit höherer Wahrscheinlichkeit dem Risiko ethisch fragwürdiger Experimente ausgesetzt sind als andere Patienten (Barber 1973, 1976). Von
424 Humanexperimenten, die Barber (1976) in seinen Über-
blicksbericht aufnahm, waren 18 % solche, bei denen das
Risiko für den Patienten nicht angemessen durch Vorteile
für diesen ausgeglichen waren; 8 % ergaben ein beträcht-
liches Risiko für den Patienten, aber keinerlei therapeutischen Vorteil.
Wie oft werden ahnungslose Patienten zu Versuchskaninchen für den Fortschritt der Wissenschaft oder gar für die
persönliche Karriere des Forschers gemacht, ohne daß die
Experimente irgendeinen Nutzen zur Heilung ihres eigenen
Leidens bringen oder nur wahrscheinlich machen? Wie oft
wird der hippokratische Eid im vorgeblichen Interesse der
Wissenschaft verletzt? Selbst wenn dieser Eid heute nicht
mehr formell abgelegt wird, sollte nicht doch jeder Arzt,
jeder medizinische Forscher, der mit Patienten umgeht, seine
Diagnose und Therapie »nach bestem Wissen und Können
zum Heil der Kranken anwenden, dagegen nie zu ihrem
Verderben und Schaden, [...] auch niemandem eine Arznei
geben, die den Tod herbeiführt, [...] auch nie einen Rat in
dieser Richtung erteilen«.[2]
Nicht nur der Forscher, der humanmedizinische und human-
pharmakologische Experimente unternimmt, steht in einem
Dilemma, ist der Versuchung ausgesetzt, im Interesse des wissenschaftlichen Fortschritts und/oder seiner eigenen wissenschaftlichen Karriereinteressen seine Verantwortung gegenüber den ihm anvertrauten Patienten oder gegenüber seinen
Versuchspersonen außer acht zu lassen oder beiseite zu

schieben. Auch Sozialwissenschaftler und Psychologen geraten oft in ein entsprechendes Dilemma – meist weniger folgenreich für die Entscheidung über Leben und Tod oder in bezug auf feststellbare und dauerhafte physische Schädigungen. Das ethische Dilemma oder die Versuchung stellt sich diesen Forschern jedoch nicht als weniger schwerwiegend dar – oft sogar als viel eklatanter, da in diesen humanwissenschaftlichen Disziplinen häufig Versuchspersonen gar keine Patienten sind und dementsprechend grundsätzlich kein therapeutischer Nutzen zu erwarten ist (weder für die Versuchsperson selbst noch für andere Menschen in vergleichbarer Lage), weil oft vom Interesse des Probanden aus gesehen die Schädigung, Unannehmlichkeit oder auch nur Täuschung der Versuchsperson unnötig und daher ethisch unzumutbar ist. Das Problem der aus methodischen Gründen notwendigen Täuschung stellt sich in der psychologischen, besonders der sozialpsychologischen Forschung viel zugespitzter als bei den meisten medizinischen Experimenten.

Soldaten, die nicht wußten, daß sie an einem Experiment teilnahmen, wurden in einem Flugzeug durch einen realistisch simulierten Flugzeugabsturz unter Todesangst gesetzt und beobachtet (Berkun u. a. 1962). In einer Streßreaktionsstudie wurden Personen eingesperrt, während der Forscher durch die Türritzen Rauch in den Raum einleiten und einen Brand vortäuschen ließ.[3] Versuchspersonen wurden geimpft und dadurch in Todesangst versetzt, daß man ihnen in realistischer »Verpackung« eröffnete, man habe eine falsche Dosis eines Mittels genommen oder gar Luftblasen in die Blutbahn gespritzt, und sie hätten nur noch eine kurze Zeit zu leben – dies um die Reaktionen unter quasi-Feldbedingungen zu studieren.[4]
Man hypnotisierte Versuchspersonen und ließ sie in der Hypnose Heroin verkaufen (Coe u. a. 1973). Forscher insinuierten ihren Versuchspersonen durch Angabe falscher Testresultate, sie wiesen versteckt eine starke Tendenz zur Homosexualität auf.[5] Berühmt und berüchtigt waren die Versuche Milgrams (1963; 1974) zum Autoritätsgehorsam, in denen ermittelt werden sollte, wieweit

Versuchspersonen den Anweisungen und der Autorität des Versuchsleiters widerstehen würden, in verschiedenen mehr oder weniger realistischen Situationen anderen Scheinversuchspersonen Elektroschocks zuzufügen – oft bis an die oder über die tödliche Spannungsdosis hinaus.

Diese letzteren Versuche lösten in den Kreisen der Psychologen eine bis heute nicht abgeebbte Diskussion über die ethische Zumutbarkeit derartiger Humanexperimente in der Psychologie aus.

Manipulative Einwirkungen, seelische Unannehmlichkeiten, Belastungen, Schmerzen, Risikobewußtsein, Frustrationen, Streßerscheinungen, Angstgefühle, Entzugswirkungen (z. B. bei Sensory-deprivation-Experimenten), die Erzeugung von Schuld- und Schamemotionen, Selbstzweifeln, Desorientierungen, Illusionen, Erzeugung aggressiver Reaktionen oder illegalen oder unethischen Verhaltens gegenüber Partnern, Verlust oder Einschränkung der Selbstwertempfindung, des Selbst- und Fremdzutrauens, Verluste der Situationsübersicht oder der Handlungsdisposition – all dies sind Beispiele für die psychischen Auswirkungen von Humanexperimenten in der psychologischen Forschung. Die Effekte dürften mehr oder minder reversibel sein, jedoch stellen sie selbst im Falle vollständiger. Auflösung und Rückbildung ein ethisches Problem der Zumutbarkeit für Versuchspersonen und Forscher dar. Aber es stellte sich auch heraus, daß manche Versuchspersonen mit geringer subjektiver Eigeneinschätzung durch experimentelle Manipulationen in ihrem Selbstbild dauerhaft verändert wurden, daß dies durch die von den Versuchsleitern unternommene Aufklärung nach dem Experiment nicht voll rückgängig zu machen war (Walster u. a. 1967). Selbst wenn Versuchspersonen und besonders auch Studenten psychische Unannehmlichkeiten häufig nicht als so schwerwiegend einordneten wie beträchtliche physische Belastungen und selbst wenn die Verletzung der Privat- und Intimsphäre durch ein Experiment zwar als unethisch, aber nicht als entscheidende Barriere gegen des-

sen Durchführung angesehen wurde, stellt sich die ethische
Problematik der Legitimation derartiger Versuche dennoch
sehr deutlich.

Zwar gibt es keinen hippokratischen Eid der Psychologen,
doch haben sich nach ersten versuchsweisen Vorstößen um
die Zeit des Zweiten Weltkrieges und besonders nach den
Diskussionen über Milgrams Versuche zum Autoritätsgehorsam die Bemühungen um ethische Normierungen der
humanexperimentellen Psychologie zunächst 1973 – und
verbessert 1977 – in den ethischen Standards der American
Psychological Association kondensiert, später dann aber
auch in anderen Ländern wie Großbritannien, Holland,
Polen, Österreich, Schweden, der Schweiz und der Bundes-
republik Deutschland. (Der »Code of Ethics« der American
Sociological Association (1968) verblieb allerdings bisher
im Stadium eines eher skizzenhaften Vorentwurfs.) Diese
oft sehr idealistisch-klingenden, aber im Detail häufig
vagen ethischen Standards fordern im wesentlichen die Be-
achtung der Integrität und des Wohlergehens der Versuchsperson, die Freiwilligkeit der Teilnahme und die jeder-
zeitige Möglichkeit zum Abbruch des Experiments von
seiten der Versuchsperson, verbieten methodisch nicht notwendige Täuschungen, Irreführungen sowie das Vorenthalten von Informationen über Risiken und Ziel des Experiments (außer in einem Fall, wo es um »wichtige wissenschaftliche Probleme« (?) geht und keine Alternativen in
Gestalt von ohne Mißinformationen arbeitenden Verfahren
zur Verfügung stehen, aber die »Würde der Person« nicht
verletzt wird). Sie fordern die vorherige Einwilligung, die
»informierte Zustimmung« des Probanden oder wenigstens,
wenn dies aus methodischen Gründen und wegen der Bedeutsamkeit der wissenschaftlichen Problematik nicht möglich ist, die nachherige Aufklärung und Einverständnis-
erklärung. Jede rechtswidrige Manipulation wird natürlich
ausgeschlossen. Zudem fordern die Standards wissenschaftliche Qualifikation und Kompetenz der Forscher, regeln

Vertraulichkeitsfragen, Anonymitäts-, Verschlüsselungs- und Auswertungsprobleme sowie Angelegenheiten der professionellen und öffentlichen Verantwortlichkeiten und Stellungnahmen.

Wieweit die professionellen Empfehlungen eines Standes Gesetzeskraft haben, wirklich wirksam und kontrollierbar sind – das bleibt angesichts der sehr allgemeinen und mehrdeutigen bis vagen Formulierungen ebenso offen wie beim früheren hippokratischen Eid der Mediziner.

Wissenschaftlicher Konkurrenzdruck, Karrierestreben und oft »dickköpfiger Szientismus« (Hamsher-Reznikoff) tun ein übriges, um ethische Bedenken und auch die Forderungen der idealen Standardnormen zu unterlaufen – in der Psychologie ebenso oder vielleicht gar mehr als in der Medizin, da die Schädigungen meist so wenig offensichtlich und von vermutlich zeitlich geringer Nachwirkung sind. Das ethische Dilemma basiert auf einem in das Qualifikationssystem der Wissenschaften eingebauten Konflikt. Von 300 medizinischen Forschern hatten nur 13 % erklärt (Barber u. a. 1973), daß sie in der medizinischen Ausbildung mit ethischen Fragen einmal konfrontiert worden waren; nur ein einziger hatte an einem ganzen Kurs in medizinischer Ethik teilgenommen. Mangels Information und Aufmerksamkeit werden im Konflikt zwischen ethischen Werten und den Werten des wissenschaftlichen Fortschritts bzw. der wissenschaftlichen Karriere die letzteren so einseitig betont, daß man von einer Tendenz zu einer kanalisierten Vorentscheidung sprechen kann. Relativ erfolglose Wissenschaftler, die diese ihre Erfolglosigkeit durch größere Quantität an wissenschaftlichen Arbeiten zu kompensieren suchen, sind eher bereit, ethische Rücksichten beiseite zu schieben. Jüngere ehrgeizige Forscher, die sich selbst als nicht genügend anerkannt einstuften, neigten zur größten Nachlässigkeit gegenüber ethischen Einschränkungen bei den Experimenten. Hoher Konkurrenzdruck in einem Arbeitsgebiet scheint ebenfalls ethische Bedenken zu überrollen (Barber 1976). Wissensfortschritt und Karrierestreben wirken so systemimmanent den persönlichen Interessen und Rechten der Versuchspersonen/Patienten entgegen, zumal diese in der Situation der Abhängigkeit vom Therapeuten bzw. von der wissenschaftlichen Autorität des Forschers relativ leicht zu manipulieren sind.

In der Psychologie stellt sich dieser Konflikt grundsätzlich nicht viel anders dar, wenn auch seltener in therapeutischer Abhängigkeit. Ethische Rücksichten gelten bei Psychologen, die ausschließlich in der Forschung tätig sind, und bei jenen, die sich persönlich und institutionell am längsten und am stärksten in der Forschung engagieren, am wenigsten. Wer wenig in der Forschung, aber z. B. stark in der Studentenausbildung tätig ist, achtet mehr auf ethische Beurteilungen und Betonung ethischer Fragen, etwa in der Ausbildung. Der »dickköpfige Szientismus der Forscher« und die inverse Beziehung zwischen ethischen Rücksichten und Forschungserfolg bzw. methodischen Forderungen zeigen sich auch bei der Betonung oder Vernachlässigung der informierten Einwilligung der Versuchsperson und besonders deutlich mit einer vollkommenen Korrelation von $-1,0$ bei der Verneinung äußerer Kontrollen gegenüber der Forschung. Weibliche Forscher zeigen mehr Interesse und Rücksicht für ethische Fragen (Hamsher-Reznikoff 1967).

Stehen ethische Werte und deren Berücksichtigung in konkurrenzorientierten Wissenschaftlergemeinschaften auf besonders schwachen Füßen? Was läßt sich zur Klärung der Wertkonflikte anführen? Wie können die Standards ethischer Verhaltensweisen wirksamer zu einem Standeskomment gemacht und kann ihre Einhaltung effektiver kontrolliert werden? Lassen sich wirksamere Kontrollen durch ethische Review Boards und Ethical Committees, ethische Ombudsmänner der Forschung oder Publikationsbeschränkungen (für Forschungsprojekte, die den Standards nicht entsprechen) erreichen? Welche Möglichkeiten sind gegeben, Normenstandards bzw. verpflichtende Kodizes über die

bisherigen empfehlenden Leitlinien etwa der vom Weltärztebund angenommenen Deklarationen hinaus verpflich-
tend zu machen und auch für andere biomedizinische und
Humanforscher (also nicht nur für Ärzte) mit Verbindlichkeit zu versehen? Sind die schon erwähnten ethischen
Standards für Psychologen angesichts ihrer relativ vagen
Formulierungen ausreichend für verbindliche ethische Beurteilungen? Lassen sich ethische Überlegungen zu einem
allgemeinverbindlichen Kodex aller – also der biomedizinischen und pharmakologischen ebenso wie der geistes- und
sozialwissenschaftlichen – Humanforschung fortführen?
Wie lassen sich institutionelle Kontrollen zum Schutze des
Patienten bzw. der Versuchsperson wirksam einführen und
durchführen? Muß das individuelle Wohl der Versuchsperson bzw. des Patienten in jedem Falle oberstes Gebot
sein, und welche gesellschaftlichen Rücksichten stehen in
Wechselbeeinflussung mit dieser Zielsetzung, deren philosophische Diskussion bisher kaum ansatzweise geleistet ist?
Muß gerade angesichts der Tendenz zur technologischen
Perfektion und Objektivierung etwa in der klinischen Forschung diese ethische Verantwortung nicht durch ein
Gegenprogramm sowohl in der Betreuung der Patienten/
Versuchspersonen als auch in der Ausbildung der später
für Humanexperimente und klinisch-therapeutische Forschung zuständigen Wissenschaftler entwickelt und durch
eine humanistische Orientierung der gängigen objektivie-
rend-amoralischen Anwendungspraxis der Humanwissen-
schaften begegnet werden? Darf »die immerfort weiter-
wuchernde Welt der Apparate [...] das Interesse am
lebendigen Patienten als Person völlig und weiterhin ver-
schlucken« (Mitscherlich 1978)?
Insgesamt ist festzustellen, daß die ethische Diskussion dieser Fragen angesichts der neuen Möglichkeiten der Human-
wissenschaften noch am Anfang steht oder zumindest im
Verhältnis zur technologischen Entwicklung dieser Disziplinen unterentwickelt ist. Der Nachholbedarf an ethischer

Diskussion, Reflexion und Verbreitung unter Verantwortlichen und auch in der Öffentlichkeit ist allzu offensichtlich, um künftig noch mit Schweigen hingenommen werden
zu können – zumal akute neue Eingriffs-, Manipulations-
und Behandlungsdimensionen alljährlich das Problem stärker dramatisieren. Man denke an die künstlichen apparate-
intensiven Möglichkeiten, das unmittelbar bevorstehende
Sterben hinauszuzögern bzw. die Todesfeststellung zu ver-
feinern, an die ethischen und rechtlichen Probleme der
lebensnotwendigen, aber auch etwa der kosmetischen Trans-
plantationen und der Beziehung zwischen Spendern und
Empfängern, an die sich anbahnenden Möglichkeiten der
genetischen Manipulation, der künstlichen Befruchtung, gar
der künstlichen Selbstbefruchtung, der manipulativen Ge-
schlechtsbestimmung, des noch utopischen Klonens (der
chromosom-identischen Reduplikation der Erbinformationen
eines Organismus). Auch der psychologischen und sozialwissenschaftlichen Forschung stellen sich entsprechende Probleme, nicht nur durch die neuen Dimensionen der Manipulation, welche somatisch-neurochirurgische, z. B. stereotakti-
sche, Eingriffe und Psychodrogen eröffnen, sondern auch
etwa die Verfahren der Streßforschung sowie Verfahren zur
Manipulation Retardierter und Behinderter und zur mas-
sensuggestiven unterbewußten Beeinflussung durch die
neuen visuellen Medien usw.

Erst durch extreme, einer »Entmenschlichung« gleichkom-
mende Exzesse in der Objektivierung von Versuchspersonen
wurden in beiden Bereichen, im biomedizinischen wie im
sozialpsychologischen, die Diskussionen über ethische Bedenken und fragwürdige Manipulationen weltweit in Gang
gesetzt. Während die Diskussionen im sozialpsychologischen
Bereich erst im letzten Jahrzehnt ein nennenswertes Ausmaß
annahmen, jedoch noch fast ausschließlich auf die Kreise
der Wissenschaftler und fachdisziplinär zugeordneten Kritiker beschränkt blieben, hat der Nürnberger Prozeß gegen
deutsche Militärärzte und Medizinalbeamte, die sich auf-

grund ihrer bewußt geplanten und in ihrem absoluten Zynismus erschreckenden, schädigenden und tödlichen Versuche an Menschen in Konzentrationslagern und Anstalten während des Dritten Reiches schwerster Verstöße gegen die Menschlichkeit schuldig gemacht hatten, schon in den Jahren ab 1946 die Weltöffentlichkeit in dramatischer Form alarmiert. Im Namen der Wissenschaftlichkeit wurden Versuche mit bewußt eingeplanter Tötung der Versuchsperson zum Studium der medizinischen Reaktionen durchgeführt, aber etwa als »Rettungsversuche« etikettiert – ein Zynismus, der wahrhaftig nicht zu überbieten ist. Sogenannte terminale Versuche mit detailliert vorgeplantem fatalen Ausgang stellten ein schreckliches Schauerstück der Perversion biomedizinischer Forschung dar.

Zur Rechtsprechung und ethischen Beurteilung dieser Menschenversuche mußten Orientierungs- und Entscheidungsleitlinien formuliert werden, die in Gestalt des sogenannten Nürnberger Kodex Regeln über Humanexperimente enthielten, die in recht präziser Form bereits die meisten Punkte späterer Standards vorwegnehmen und als Ausgangspunkt für die ethische Diskussion von Humanexperimenten nicht nur für den biomedizinischen, sondern auch für den geistes- und sozialwissenschaftlichen Bereich angesehen werden können:[6]

»Die freiwillige Zustimmung des Menschen ist absolut wesentlich« – dieser Forderung wurde bereits hinzugefügt, daß die Versuchsperson »genügend Kenntnis und Einsicht« in das Experiment haben sollte, um »dadurch zu einer verständnisvollen, vernünftigen Entscheidung befähigt« zu werden. Die persönliche Verantwortlichkeit und Verbindlichkeit des Versuchsleiters wird festgestellt. Die Bedingung, daß das Experiment »fruchtbare Resultate für das Allgemeinwohl der Gesellschaft erbringt, die durch andere Methoden oder auf andere Art der Bemühung nicht zu erhalten sind«, das Verbot unnötiger und willkürlicher Experimente sowie die Vorschrift, daß jedes Projekt auf Tier-Experimente und intensive Problemkenntnis gegründet sein muß, daß »der eingehaltene Risikograd [...] niemals die Grenzen der

humanitären Bedeutung des Problems, das durch das Experiment
gelöst werden soll, überschreiten« darf, machen die Abwägung
des Nutzens gegenüber dem potentiellen Risiko der Versuchsperson verbindlich zum Schutz der Versuchsperson gegen »die
auch entferntesten Möglichkeiten einer Verletzung, von Invalidität oder gar Tod«. Es wurden ordnungsgemäße Vorbereitungen
gefordert und die Bedingung, daß ausschließlich »wissenschaftlich
qualifiziertes« Personal mit dem »höchsten Grad von Können
und Sorgfalt« die Experimente vornehmen darf. »Das Experiment
muß so durchgeführt werden, daß jeder unnötige körperliche und
seelische Schaden und jedes überflüssige Leiden vermieden
wird [. . .] Kein Experiment sollte ausgeführt werden, wenn
von vornherein Grund zu der Annahme bestünde, daß Tod oder
Invalidität eintreten könnte. Ausgenommen vielleicht solche Experimente, bei denen die experimentierenden Ärzte selbst auch
als Versuchsobjekt dienen.« Auch die freie Entscheidung der Versuchsperson, das »Experiment beendigen zu lassen«, und die Verbindlichkeit des Versuchsleiters, ein möglicherweise schädigendes
Experiment sogleich zu beenden oder abzubrechen, wurden hier
erstmalig verbrieft.

Manchmal wurde vermutet, der Nürnberger Kodex enthalte zu starke Einschränkungen, um überhaupt noch sozial-
psychologische Experimente mit methodenerzwungener
Mißinformation zu erlauben. Jedoch lassen sich diese
Schwierigkeiten durch generelle Vorabinformationen, post-
experimentelle Aufklärung usw. wenigstens zum guten Teil
beheben.[7]
Die vom Weltärztebund angenommenen Deklarationen von
Helsinki (1964) und Tokio (1975) fügen dem obigen wesentlich eigentlich nur die Unterscheidung zwischen der
(moralphilosophisch anders, einfacher zu beurteilenden)
therapeutischen Forschung und der *nicht-therapeutischen*
klinischen Forschung (die rein wissenschaftlichen Zielen
dient und ohne therapeutischen Wert für die Versuchsperson ist) hinzu.

Für die therapeutische Forschung werden neue medizinische Erkenntnisse auch in ihrem Ausmaß an die Bedingung geknüpft,

daß »die klinische Forschung durch ihren therapeutischen Wert für den Patienten gerechtfertigt wird«. Die Erklärung über nicht-therapeutische Forschung betont die Respektierung der »Rechte eines jeden einzelnen hinsichtlich seiner persönlichen Integrität«, die Freiwilligkeit des schriftlich einzuholenden Einverständnisses, das »bei vollem Bewußtsein frei« gegeben werden muß, und die Möglichkeit des jederzeitigen Abbruchs des Experiments von seiten der Versuchsperson (1964). Die revidierte Fassung von Tokio macht es zur Sollvorschrift, daß das Versuchsprotokoll »einem besonders berufenen unabhängigen Ausschuß zur Beratung, Stellungnahme und Orientierung zugeleitet« wird, bindet die nötige Risiko-Nutzen-Abschätzung an die Interessen der Versuchsperson: »Die Sorge um die Belange der Versuchsperson muß stets ausschlaggebend sein im Vergleich zu den Interessen der Wissenschaft und der Gesellschaft«, betont »das Recht der Versuchsperson auf Wahrung ihrer Unversehrtheit« und Privatsphäre, fordert die »ausreichende« Unterrichtung der Versuchsperson »über Absicht, Durchführung, erwarteten Nutzen und Risiken des Versuchs sowie über möglicherweise damit verbundene Störungen des Wohlbefindens« und schreibt die Einholung der Einwilligung durch gesetzliche Vertreter bzw. verantwortliche Verwandte für nicht voll geschäftsfähige und nicht entscheidungsfähige Patienten/Versuchspersonen vor. Wenn der Arzt in der therapeutisch-klinischen Forschung auf »die Einwilligung nach Aufklärung« verzichten zu müssen glaubt, »sollten die besonderen Gründe für diesen Vorschlag in dem für den unabhängigen Ausschuß bestimmten Versuchsprotokoll« festgehalten werden. Allgemein sollte für alle Versuche »das Versuchsprotokoll [...] stets die ethischen Überlegungen« für den Versuch darlegen, und zwar unter Berücksichtigung der Deklaration. Nicht nur wird für die therapeutische Forschung der »diagnostische oder therapeutische Wert für den Patienten« zur höchsten rechtfertigenden Basis gemacht, sondern es sollte auch in der nicht-therapeutischen biomedizinischen Forschung »das Interesse der Wissenschaft und Gesellschaft niemals Vorrang vor den Erwägungen haben, die das Wohlbefinden der Versuchsperson betreffen«. (Hierfür sollten nur gesunde Freiwillige gewählt werden oder »Patienten, für die die Versuchsabsicht nicht mit ihrer Krankheit im Zusammenhang steht«.)[8]

Trotz einiger Vagheiten und Mehrdeutigkeiten auch im Nürnberger Kodex (was heißt »jeder unnötige körperliche und seelische Schaden«?) und in den Deklarationen des Weltärztebundes (z. B. wird »die Bedeutung des Versuchsziels«, die »in einem angemessenen Verhältnis zum Risiko für die Versuchsperson« zu stehen hat, nicht näher umschrieben; was heißt »ausreichende« Unterrichtung der Versuchsperson über den Versuch?) dürften Punkte wie die grundsätzliche Unterscheidung zwischen therapeutischer und nicht-therapeutischer Forschung, die Verbindlichkeit zur Darlegung ethischer Überlegungen (etwa vor einem unabhängigen Ausschuß) und der absolute Vorrang des Wohlbefindens, der Unversehrtheit, der Persönlichkeitsrechte und der Privatsphäre der Versuchsperson gegenüber den wissenschaftlichen und gesellschaftlichen Zielen bei nicht-therapeutischen Forschungen wichtige Orientierungsmarken für die ethische Diskussion über Humanexperimente sein.

Der letztgenannte Punkt über die absolute Priorität der Individualinteressen und -rechte über gesellschaftliche und wissenschaftliche Ziele bedarf freilich insbesondere in den Fällen, wo es nicht um ein Risiko für Leben oder irreversible schwerwiegende leibliche Schädigungen geht, einer eingehenderen philosophischen Diskussion. Dies gilt übrigens auch für extreme gesellschaftliche Risiken im Bereich biomedizinischer wie auch pharmakologisch-ökologischer Forschung – man denke an expansive Erbkrankheiten oder infektiöse Epidemien: Hier kann nicht in jedem Fall das Interesse des Einzelpatienten dem gesellschaftlichen vorgeordnet werden. Freilich reicht diese Problematik über diejenige des Einzelversuchs an Menschen hinaus.

Jonas (1969) hat diese Gegenüberstellung gesellschaftlicher und individuenorientierter Gesichtspunkte ausführlich dargelegt. Seine eingehende, dezidierte und oft pointierte Beurteilung nicht-therapeutischer klinischer Experimente bedarf einer genaueren Erläuterung. Ein therapeutisches Experiment ist moralphilosophisch völlig anders zu bewerten und wirft sehr viel einfachere philosophische Probleme auf.

Zunächst betont Jonas, daß Humanexperimente einerseits notwendig mit dem Subjekt, dem Original selbst, umgehen (nicht mit einem Ersatzmodell, einem »Objekt« im wahrsten Sinne des Wortes, wie in den meisten anorganischen Wissenschaften). Der Forscher ist immer auch für das Subjekt in der Gesamthandlungssituation, also über den experimentellen Gesichtspunkt hinaus mitverantwortlich. Auf der anderen Seite bedeutet die Verwendung von menschlichen Versuchspersonen stets eine Verobjektivierung, »Verdinglichung« des Subjekts zu einem passiven Wesen, mit dem zu äußeren Zwecken umgegangen wird, das aber normalerweise nicht in einer wirklichen persönlichen interaktiven Beziehung zur Versuchssituation und den Partnern (einschließlich des Versuchsleiters) steht und nicht frei entscheidend als moralische Person handelt. Das Subjekt muß in dieser Situation sozusagen auf seinen Status als Persönlichkeit verzichten und wird auf einen »bloßen Fall« reduziert. Menschen sollten, so Jonas, nicht in dieser Weise behandelt werden; er spricht von einem »Versuchskaninchenprotest«. Bloße »Einwilligung« (»die meist nicht mehr als bloße Erlaubnis« bedeutet) »macht diese Verdinglichung nicht rechtens«. Nur echte autonome und authentische freiwillige Bereitschaft in Verbindung mit einem hohen Grad an Einsicht in den und Identifikation mit dem Versuch und seinen Zielen bzw. mit der Rolle und Aufgabe der entsprechenden experimentellen Wissenschaft generell könne den moralischen Unwert der »Verdinglichung« aufwiegen. Mache die Versuchsperson aber die Sache des Forschers zu ihrer eigenen, so könne der »freie souveräne Wille« (der nicht nur die Erlaubniserteilung ist) »ihre Persönlichkeit im sonst entpersönlichenden Zusammenhang wiederherstellen«. Je höher der Grad an Informiertheit, Autonomie und Identifikation, gar »Hingabe«, je mehr Verständnis für die Wissen-

schaft und ihren Fortschritt, je mehr Mitleid mit mensch-
lichem Leiden, je mehr Streben nach Humanität, Achtung
vor der nicht einforderbaren positiven Goldenen Regel
(»Tue das, was du wünschst oder hoffst, das auch andere
im Bedürfnisfalle dir tun«) und sogar Opferbereitschaft,
desto eher (im strikten Sinne: lediglich dann) sei die »Verdinglichung« in der experimentellen Situation moralisch
aufgehoben. Umgekehrt bedeute das: »Je ärmer an Wissen,
Motivation und Freiheit der Entscheidung (und das betrifft
leider die nach Anzahl und möglicher Manipulierbarkeit
leichter Zugänglichen), desto sparsamer und zögernder
sollte das Reservoir genutzt werden und desto zwingender
muß daher die ausgleichende Rechtfertigung werden.« Jonas
argumentiert gegen die »starke Versuchung«, routinemäßig
das am leichtesten verfügbare Angebot an Versuchspersonen, nämlich »die Beeinflußbaren, die Unwissenden, die
Abhängigen, die ›Gefangenen‹ (in verschiedenen Bedeutungen des Wortes) zu nehmen. Im Gegenteil sollte die Scientific Community sich auf eine elitäre Rekrutierungsregel ver-
ständigen, die, entgegen gängigen marktmäßigen Vorstellungen von Angebot und Nachfrage, von Verfügbarkeit
und Verbrauchbarkeit, die *knappsten* Ressourcen, nämlich
jene der einsichtigen Wissenschaftler oder wissenschafts-
nahen Personen, zunächst ausschöpft und nur in abnehmender Reihenfolge, »zögernd«, auf Versuchspersonen mit ge-
ringeren Graden der Identifikation, der Einsicht und der
Opferwilligkeit zurückkommt. Die idealen Versuchspersonen wären demgemäß natürlich die Forscher selbst. Im
Selbstversuch seien die vollste freiwillige Identifikation,
die stärkste Motivation, das vollste Verständnis, die freieste
Entscheidung und die größte Integration mit dem gesamten
gewählten Vorhaben der Person realisiert. Opferwilligkeit
und die »›göttliche Verrücktheit‹, die irgendwie das endlose
Anrennen gegen Grenzen befeuert«, seien hier – und wohl
nur hier – zu finden. (Jonas ist sich darüber im klaren, daß
es sich um eine ideale, nicht um eine reale Lösung handelt,

daß statistischen Gründen entsprechend und etwa auch nach der Vielfalt der Erscheinungsformen von Krankheiten offenere Rekrutierungsformen gefunden werden müssen; daher die oben erwähnte Regel der Rekrutierung von Versuchspersonen abnehmender Einsicht und Identifikationsfähigkeit sowie -bereitschaft.)

Im übrigen führen Jonas' Überlegungen bei Versuchen mit Patienten zu der moralischen Folgerung, daß »am wenigsten und zuletzt« die Kranken, die ohnehin schon ihre Bürde zu tragen haben, mit zusätzlichen Risiken und der Bürde nicht-therapeutischer Experimente, d. h. solcher, die sich nicht auf ihre eigene Heilung beziehen, herangezogen werden dürften. Insbesondere müsse der Versuchung widerstanden werden, die hoffnungslosen Fälle, die ohne sonderliche versuchsorganisatorische Probleme ausnutzbar und manipulierbar sind, zu nicht-therapeutischen Experimenten heranzuziehen. Gerade »äußerste Hilflosigkeit verlangt äußersten Schutz«. Daher dürfe und auch, um die Beziehung zwischen Arzt und Patienten nicht zu unterminieren und das Vertrauen in die moralischen Grundlagen unserer Gesellschaft nicht zu erschüttern, dürfe kein Experiment an Patienten vorgenommen werden, das sich nicht auf deren eigene Krankheit bezieht. (Ein Sonderfall bestehe darin, daß ein hoffnungslos Kranker sich nach vollständiger Aufklärung durch den Arzt freiwillig zum Nutzen späterer Patienten mit derselben Krankheit einem Experiment unterzieht.)

Doppelblind- und Placeboversuche mit Patienten betrachtet Jonas als einen »ausgesprochenen Vertrauensverrat dem Patienten gegenüber, der eine Behandlung zu erhalten glaubt«. »Nur äußerste Wichtigkeit des Zieles kann dies entschuldigen, ohne es eine geringere Übertretung werden zu lassen.« Versteckte Patientenexperimente »sollten seltenste Ausnahme« darstellen, wenn sie nicht überhaupt vermieden werden können. Grundsätzlich gilt nach Jonas auch bei Patientenversuchen das Prinzip der größtmöglichen

Identifikation mit der Sache des Experiments, des Forschers und der Wissenschaft.

Opferbereitschaft, freiwilliges Sich-zur-Verfügung-Stellen für ein Experiment, auf das die Wissenschaft angewiesen ist, kann erhofft, angeregt, vielleicht erbeten, aber niemals eingefordert werden. Nach Jonas finden wir allgemein in der Gesellschaft, besonders aber auch in diesem Fall, das Paradoxon, daß die Gesellschaft – und der wissenschaftliche Fortschritt – von der Realisierung von Opferbereitschaft abhängt, deren Einlösung sie wohl grundsätzlich nicht erzwingen kann. Insofern als eine gewisse Komponente des Opfers oder eines opferähnlichen Dienstes auch mit wissenschaftlichen Humanexperimenten verbunden ist, insofern als kein einklagbarer, sondern ein einseitig bereitgestellter, »freiwillig hochherzig gegebener Beitrag« ohne Entlohnungs- oder Entschädigungsforderung von seiten des Probanden gegeben wird, kann es sich, wie Jonas betont, niemals um einen Sozialvertrag zwischen diesem und der Gesellschaft oder dem Versuchsleiter handeln. Ein Vertrag müßte grundsätzlich ein ideales Tauschverhältnis nach Angebot und Nachfrage und eine gewisse Ausgeglichenheit unterstellen – etwa im Sinne der klassischen Sozialvertragstheorien, nach denen Einschränkungen der individuellen Freiheit zur Gründung einer politischen Körperschaft hingenommen werden und dieser die Macht übertragen wird, damit das Individuum wiederum die Vorteile der Sicherheit, des Schutzes, der Gesetzmäßigkeit, der Ordnung davonträgt. Vollständige Aufgabe persönlichen Eigeninteresses, »Unvorteilhaftigkeit« in diesem Sinne stehe notwendig außerhalb des Vertragsgedankens. Selbst wenn die Gesellschaft auf die Bereitstellung individueller Opfer angewiesen ist, auf diese rechnen muß, könne sie diese in Normalsituationen (außer etwa in extremen Notfällen des Krieges oder eventueller Epidemien o. ä.) nicht einfordern – erst recht nicht unter dem Gesichtspunkt eines Sozialvertrages. Insbesondere dürfe eine Gesellschaft nicht über Personen oder auch ihre Körperteile verfügen wie über Güter und Rohstoffressourcen, obwohl die Sprache technokratischer und verwaltungsmäßiger Provenienz oft dazu neigt, Menschen, Transplantationsorgane, Gesundheit, aber unter Umständen auch persönliche Leistungen als »Güter«-Ressourcen zu behandeln.

Persönliche Opfer, etwa Einsatz des eigenen Lebens, aber auch die unter Umständen weniger risikoreiche, wenn auch mit nicht lebensbedrohenden Schädigungsgefahren verbundene Opferbereitschaft potentieller Versuchspersonen können in der Tat nicht rechtlich eingefordert werden und auch nicht unmittelbar moralisch verbindlich gemacht werden. Alle diese Verhaltensweisen und ihre Antriebe sind jedoch, wie Jonas zu Recht betont, von hohem moralischen Wert, wenn sie freiwillig eingebracht werden. Dies zeigt, daß die Dimension ethischer Werte weit über den Bereich der durch das Moralgesetz einzufordernden moralischen Verpflichtungen hinausreicht. Persönliche Opfer dürfen sich weder rechtlich noch moralisch »erzwingen« lassen. Sie müssen im Verfügungsbereich freier Entscheidung des Subjektes verbleiben. (Ausnahmen können, wie gesagt, gesamtgesellschaftliche Notsituationen sein.)

Kann zur stärkeren moralischen Rechtfertigung die Abwendung eines Notstandes angeführt werden, so mag im Einzelfall eine moralische Verpflichtung (»Warum gerade ich?«) dennoch schwer zu begründen sein, wenn Ungleichheiten der Inpflichtnahme bestehen. Viel schwächer wird, wie Jonas ebenfalls zu Recht hervorhebt, die Möglichkeit der Rechtfertigung, wenn kein ernsthafter gesamtgesellschaftlicher Notzustand abgewendet wird, sondern nur Ziele wie Verbesserung der Lebensqualität, Erhöhung des Lebensstandards, Verbesserung der Behandlungsmöglichkeiten von nichtepidemischen Krankheiten oder der Fortschritt der Erkenntnis und das von ihm abhängige Wohl künftiger Generationen die Gründe liefern sollen. Auch wenn die Verbesserung der Lebensqualität, die sich im entwickelten

Wohlfahrtsstaat zu einem sozialen Ziel gewandelt hat, zunehmend vom wissenschaftlichen Fortschritt abhängig geworden ist und insofern Humanexperimente besonderes gesellschaftliches Interesse erlangen, darf nach Jonas die Bereitschaft, sich zu einem Experiment mit eventuellem Risiko und Schädigungsgefahren für Leib und Leben zur Verfügung zu stellen, nicht moralisch und natürlich erst recht nicht rechtlich *eingefordert* werden. Sie stehe nicht nur außerhalb eines auf gegenseitiges Geben und Nehmen gegründeten Sozialvertrages, sondern auch außerhalb jeder moralisch einforderbaren Verpflichtung. Für die Vorteile erhöhten Lebensstandards und besserer Lebens- und Gesundheitsvorsorge bzw. für bessere Behandlungsverfahren stände man höchstens in der Schuld der »Märtyrer« der Vergangenheit, aber »die Gesellschaft hat kein Recht, meine persönliche Schuld einzuklagen, indem sie eine neue zu ihrer eigenen Schuld hinzufügt«: »Dankbarkeit ist keine erzwingbare soziale Verpflichtung.«

Jonas' Argumente dafür, daß Rekrutierungsmöglichkeiten und Opferbereitschaft für Humanexperimente, insbesondere etwa das Zur-Verfügung-Stellen des eigenen Körpers für medizinische Experimente, »gänzlich außerhalb des erzwingbaren ›Sozialvertrags‹ und außerhalb moralischer Verpflichtung stehen«, sind sicherlich gerechtfertigt, so sehr sie auch auf die individualistisch-liberalistische Tradition der Moralphilosophie gegründet sind. (Die Frage ist natürlich, ob man es bei der Feststellung des Paradoxons bewenden läßt, ob man eine so strikt rigoristische moralische Beurteilung in jedem Falle durchhalten kann und soll. Jonas selbst weicht ja mit seinem Prinzip der Rekrutierung nach abnehmender Identifikation mit der Sache des Forschers und der Forschung den ethischen Rigorismus aus Gründen der praktischen Durchführbarkeit auf, aber letztlich auch zum Wohle der gesamten profitierenden Gesellschaft.) In der Tat läßt sich zwar der opferähnliche Beitrag der Versuchsperson zu einem Humanexperiment nicht er-

zwingen – dies schließen ja auch die Kodizes für die biomedizinische wie für die psychologische Forschung aus –,
doch kann die argumentative Einflußnahme eines Forschers
oder unter Umständen einer ethischen Autoritätsperson
bzw. eines Gremiums von Fachleuten und Ethikern einen
solchen Beitrag zu einer Angelegenheit von moralischer
Dringlichkeit werden lassen (übrigens auch für krankheits-
relevante Forschungen an Patienten, denen der Nutzen der
Forschung selbst nicht mehr zugute kommen kann).
Schließlich sind die Möglichkeiten des belohnenden An-
reizes nicht außer acht zu lassen – keineswegs nur im einfach materiellen Sinne verstanden. Hätten die Partnerschaft
der Versuchsperson und ihr Beitrag als ein besonders bei-
spielhafter, über jede rechtliche und moralische Verpflichtung hinausgehender Eigenakt vom Charakter einer persönlichen Initiative und eines persönlichen Opfers eine
bessere »Presse«, eine höhere Anerkennung in der wissenschaftlichen Welt und außerhalb gewonnen, ließen sich so
die Anonymisierung und »Verdinglichung« bei vorliegen-
dem Interesse des Probanden wenigstens mildern, so stellten
sich die Probleme praktisch einfacher dar. Die Gesellschaft
gibt in ihrem Interesse auch in anderen Bereichen Risiko-
zulagen, Ausgleichszahlungen, Möglichkeiten erhöhten So-
zialprestiges für besondere Opfer und Leistungen. Warum
sollte dies nicht auch im Bereich der Humanexperimente
anwendbar sein? In den USA scheint sich schon »Proband«
(»subject«) als beliebter Nebenjob für Studenten einzubür-
gern.

Im übrigen scheinen sich die Zeiten einer ausschließlich
liberalistischen Individualethik der moralischen Verpflichtung zu wandeln – bei aller Aufrechterhaltung der moralischen Integritätsrechte des Individuums. Mit der Ausdehnung der technisch-wissenschaftlichen Manipulations- und
Einwirkungsmöglichkeiten sowie der Langzeiteffekte von
unter Umständen irreversiblen Änderungen der weitgehend
künstlich geprägten Umwelt entstehen weitergehende Ver-

antwortlichkeiten, die zumindest die Relevanz moralischer Urteile zeitlich, sozial und räumlich ausdehnen. In einer durch technische Eingriffe, ökonomische Abhängigkeiten, ökologische Systembedingungen näher zusammenrückenden, immer enger verflochtenen Welt kann keine Moral der bloßen Nächstenliebe mehr genügen, sondern die Ethik muß darüber hinaus von einer zu praktizierenden Verantwortung für die Gesamtmenschheit getragen werden – nicht nur für die Existierenden, sondern auch für die Nachwelt. Die Ölkrise, die Probleme der Umweltverschmutzung, der Schadstoffemission, der Strahlenbelastbarkeit, der Lagerung radioaktiver Materialien haben dies in drastischer Weise verdeutlicht. Moralität muß systemnotwendig mehr als bisher eine Angelegenheit funktionaler Überlebenserfordernisse und humaner Lebensverbesserungen für die Gesamtmenschheit sein. Diese Moralität muß sich daher zunehmend auf soziale Pflichten, die in globaler Gesamtverantwortung stehen, und auch auf moralische Werte einlassen, die über jede bloße Verpflichtung hinausgehen. Ethik sollte nicht mehr mißverständlich bloß mit individualistischer Pflichtmoral gleichgesetzt werden. Der tiefe Graben zwischen Pflicht und individualistisch-persönlich nicht direkt zurechenbaren, nicht einklagbaren, aber moralisch hochzuschätzenden Werten müßte angesichts dieser wachsenden Wirkungsverflechtung überbrückt werden. Auch Kant[9] kannte »verdienstliche« (»weitere«) Pflichten. Sie sind angesichts dieser Wirkungsverflechtung und der Öffnung der ethischen Perspektive für *soziale* Güter[10] künftig höher zu bewerten. Die Ethik muß stärker gesamtmenschheitsorientiert, sozialer, kooperativer werden. Die positive Goldene Regel: »Tue, leiste das, was du in bedürftiger Situation hoffen und erwarten würdest, daß andere dir gegenüber tun«, sollte einiges von ihrer moralischen Unverbindlichkeit, von ihrer bloßen Appellfunktion verlieren.

In diesem Sinne wären auch die Zumutbarkeit und Opferbereitschaft bei sinnvollen Humanexperimenten über die traditionell-individualistische Unverbindlichkeit hinaus zu begründen. Es gibt höherrangige (nach Kant »verdienstliche«) Pflichten der Wertentsprechung, die mit der persönlichen Selbstachtung verbunden sind und unter Umständen eine eben nicht rechtliche, d. h. nicht juristisch einklagbare, aber ethische Sozialpflicht zum opferähnlichen Beitrag im Interesse anderer oder der sozialen Gesamtheit etablieren. Das sozialethisch ›Nötige‹ kann durch Argumentation gerechtfertigt werden. Wenn jede zweckgebundene Absicht zu einer »Ausnutzung« dieser Opferbereitschaft entkräftet werden kann (nicht nur der Forscher darf als interessierte und evtl. eigensüchtig an seiner Sache und Karriere interessierte Partei mit der Versuchsperson sprechen), so kann eine moralische Begründung intersubjektiv auf dem Wege der Beeinflussung, der Überzeugung durch eine ethische Argumentationsinstanz einsichtig gemacht werden, die in traditionell-individualistisch-moralischen Pflichtkategorien nicht faßbar ist. Ohne daß die Rechte des einzelnen beschnitten werden sollen und dürfen, hat auch die Gesellschaft als Gesamtheit der Menschen, der moralischen Partner und als Repräsentant der Idee der Menschheit und der Humanität berechtigte Erwartungen gegenüber den einzelnen – Ansprüche, für die sie gegebenenfalls Opfer insinuieren, erwarten, wenn auch zumeist eben nicht in persönlich zurechenbarer Weise einklagen kann. Die Dichotomie von Unverbindlichkeit und Pflicht stellt sich in der Praxis nicht so puristisch-rigoristisch, wie Jonas es traditionell-liberalistisch unterstellt.

Ferner dürften sich in der analytischen Ethik generell weder ein konsequenter deontologischer Ansatz einer von allen praktischen Konsequenzen und pragmatischen Umständen absehenden Wertethik noch ein strikter, nur an Auswirkungen orientierter Utilitarismus aufrechterhalten lassen.[11] Sowohl eine absolute, keine Rücksicht auf Konsequenzen und menschliche Umstände nehmende rigoristische Perspektive als auch ein totaler Utilitarismus könnten in

pragmatisch bestimmten Handlungszusammenhängen zu
Ungerechtigkeit, inhumanen oder unfairen Konsequenzen
führen und liefern keine Basis für ein dem moralischen
Wertempfinden entsprechendes Gleichberechtigungsprinzip:
Der höchste Gesamtnutzen bzw. Durchschnittsnutzen könnte mit großer Ungerechtigkeit gegenüber einzelnen einhergehen.[12] – In der Tat scheint eine gemischte Theorie, in die
notwendig gesamtnutzenorientierte Momente und deonto-
logische Komponenten eingehen müssen, die einzig sinnvolle
Basis für eine realistische, den moralischen Intuitionen angemessene und zugleich pragmatische Ethik zu sein (Frankena). Dies schließt natürlich Folgerungen ein für den bisher allzu strikt aufgefaßten Gegensatz zwischen utilitaristi-
schen und rigoros-absolutistisch orientierten deontolo-
gischen Ansätzen in der Ethik der Forschung und des Forschers. In der Tat haben Forscher sich bisher, wie Schuler
etwa am Beispiel Milgrams ausführt, zu sehr auf eine
simple und ethisch unhaltbare utilitaristische, meist sogar
einzelaktionsorientierte, *handlungs*utilitaristische Rechtfer-
tigungsstrategie versteift. (Ethische Argumentation muß
aber stets auf Allgemeinheit (Universalisierbarkeit) und
*Regel*haftigkeit ausgerichtet sein.) Eine Vermittlung zwischen dem Extremidealtyp eines abstrakt formulierten Pu-
rismus und der total adaptiven Praxisanpassung entspricht
der vermittelnden weiteren moralischen Perspektive zwischen rigorosem Individualismus und einer totalen moralischen Sozialorientierung. Statt eines strikten ethischen
Individualismus und eines »moralischen Sozialismus« läßt
sich nur ein »ethischer Sozialliberalismus« rechtfertigen und
praktizieren (wie schon z. B. in Rawls' Gerechtigkeitstheo-
rie). Extreme mögen aus didaktischen Gründen der Kon-
trastpointierung und -profilierung, aber kaum noch als
alleinige Leitlinie einer realistischen und praxisnahen Ethik
sinnvoll sein. Wenn, wie Frankena – übrigens gänzlich unkantisch – mehrfach betont,[13] »die Moral für die Menschen
geschaffen ist, nicht der Mensch für die Moral« und wenn

der Mensch ein soziales Wesen ist, das auf Einbettung in die Gesellschaft angewiesen ist, so ist Moral auch für die Gesellschaft und den *sozialen* Menschen geschaffen und kann nicht in totaler Abstraktion hiervon konzipiert werden.

In einer ständig sich wandelnden Welt kann die Ethik auch nichts Statisches bleiben, sondern sie muß sich bei aller Konstanz der Grundimpulse den gewandelten Bedingungen der *Condition humaine*, der erweiterten moralischen Relevanz humaner Aktionen und Kreationen und dem immens vergrößerten Bereich des »Machbaren« und seinen Problemen stellen. Neue Aktionsmöglichkeiten aktualisieren erweiterte und modifizierte Verantwortlichkeiten: Z. B. gewinnt in der zunehmend technisierten Welt die Verantwortung für die Wahrung ökologischer Gleichgewichte und für Natur und Kreatur ebenso an Bedeutung wie jene, die sich angesichts drohender regionaler oder globaler Überbevölkerungsgefahr und der Geburtenkontrolle einstellen. Letztere verweist unmittelbar auf die ethische Problematik der Humanexperimente – gerade auch solcher außerhalb von Klinik und Labor. Wenn die ethische Grundorientierung selbst sich weniger gewandelt haben mag, so veränderten sich doch die Anwendungsbedingungen drastisch. Das ethische Nachdenken und Beurteilen betrifft den handelnden, besonders auch den Neues schaffenden, die Welt verändernden Menschen. Die Moral ist angesichts der dynamischen Entwicklung ständig neu weiter zu »erschaffen«. Sie darf sich nicht auf ein Entwicklungsniveau der Vergangenheit beschränken. Ohne einen aufklärerischen Impuls, einen Appell zum stets erneuerten Praktischwerden der Vernunft, kann es keine Verfeinerung ethischen Denkens geben. Die »dynamisierte Ethik« detaillierter auf die immer dominanter werdenden Wissenschaften und ihre Anwendungen, besonders auch auf ihre Verfahren im Umgang mit Menschen, zu beziehen, z. B. eine kritische, feineren Argumenten zugängliche Instanz für die Beurteilung von

Humanexperimenten zu sein, das bleibt eine dringliche Aufgabe für eine praxisnahe Moralphilosophie der nächsten Zukunft.

Anmerkungen

1 Zum letzten Fall: Barber u. a. (1973).
2 Hippokrates/Capelle (1955) S. 179 f.
3 French (1944) zitiert nach Cook (1976) und Schuler (1978).
4 Glover u. a. (1962) sowie zitiert bei Argyle (1960).
5 Bramel (1962) zitiert nach Schuler (1978).
6 Zitiert nach Wunderli/Weisshaupt (1977) S. 244 ff.
7 Vgl. Lenk/Fulda (1978).
8 Alle Angaben nach Wunderli/Weisshaupt (1977) S. 244 ff., 266 ff.
9 Kant, AA IV,424.
10 Vgl. Rawls (1975).
11 Vgl. Frankena (1972).
12 Vgl. Rawls (1975).
13 Frankena (1972) S. 64, 141.

Literatur

American Psychological Association (Hrsg.): Ethical standards of psychologists (1977 revision). Washington (D. C.) 1977.
American Sociological Association (Hrsg.): Toward a code of ethics for sociologists. In: The American Sociologist 1968, S. 316–318.
Argyle, M.: Report to the Council of the British Psychological Society on my dealings with the A. P. A. Committee on Scientific and Professional Ethics and Conduct. Oxford, June 24th, 1960.
Barber, B.: The ethics of experimentation with human subjects. In: Scientific American 234 (1976) No. 2, S. 25–31.
Barber, B. / Lally, J. J. / Makarushka, J. L. / Sullivan, D.: Research on human subjects. Problems of social control in medical experimentation. New York 1973.
Beecher, H. K.: Experimentation in Man. Springfield (Ill.) 1959.

Beecher, H. K.: Ethics and clinical research. In: New England Journal of Medicine 274 (1966) S. 1354–1360.

Berkun, M. M. / Bialek, H. M. / Kern, R. P. / Yagi, K.: Experimental studies of psychological stress in man. In: Psychological Monographs 76 Nr. 15 (1962) S. 1–8 [Nachdr. in: Katz u. a. 1972].

Bramel, D.: A dissonance theory approach to defensive projection. In: Journal of Abnormal and Social Psychology 64 (1962) S. 121–129.

Coe, W. C. / Kobayashi, K. / Howard, M. L.: Experimental and ethical problems of evaluating the influence of hypnosis in antisocial conduct. In: Journal of Abnormal Psychology 82 (1973) S. 476–482.

Cook, S. W.: Ethical issues in the conduct of research in social relations. In: Selltiz, L. / Wrightsman, L. S. / Cook, S. W. (Hrsg.): Research methods in social relations. New York 1976. S. 199–249.

Frank, J. D.: Experimental studies of personal pressure and resistance. I. Experimental production of resistance. In: Journal of General Psychology 30 (1944) S. 23–41.

Frankena, W. K.: Analytische Ethik. München 1972.

Freund, P. A. (Hrsg.): Experimentation with Human Subjects. New York 1970.

Glover, W. E. / Greenfield, A. D. / Shanks, R. G.: The contribution made by adrenaline to the vasodilatation in the human forearm during emotional stress. In: Journal of Physiology 164 (1962) S. 422–429.

Hamsher, J. H. / Reznikoff, M.: Ethical standards in psychological research and graduate training: A study of attitudes within the profession. In: Proceedings of the 75th Annual Convention of the American Psychological Association 2 (1967) S. 203 bis 204.

Hippokrates: Fünf auserlesene Schriften. Eingel. und übertr. von Wilhelm Capelle. Frankfurt a. M. / Hamburg 1955.

Humber, J. M. / Almeder, R. F. (Hrsg.): Biomedical ethics and the law. New York / London 1976.

Jonas, H.: Philosophical reflections on experimenting with human subjects. In: Freund, P. A. (Hrsg.): Experimentation with human subjects. New York 1969. S. 1–31. (Auch in: Humber/ Almeder (1976) S. 217–242.)

Kant, I.: Grundlegung zur Metaphysik der Sitten (1785). In: Kants gesammelte Werke. Hrsg. von der Königlich Preußischen Akademie der Wissenschaften (= AA) Bd. IV. Berlin 1968. S. 385–464.

Katz, J. / Capron, A. M. / Glass, E. S.: Experimentation with Human Subjects. New York 1972.

Lenk, H. / Fulda, E.: Zur ethischen Problematik von Humanexperimenten in der sozialpsychologischen Grundlagenforschung. Vervielfältigtes Manuskript. Universität (TH) Karlsruhe 1978. (Im Druck.)

Milgram, S.: Behavioral study of obedience. In: Journal of Abnormal and Social Psychology 67 (1963) S. 371–378.

Milgram, S.: Obedience to authority. An experimental view. New York 1974. – Dt. Ausg.: Das Milgram Experiment. Zur Gehorsamsbereitschaft gegenüber Autorität. Reinbek bei Hamburg 1974.

Mitscherlich, A.: Der Patient – nur ein Werkstück? In: Der Spiegel 38 (1978) S. 238–239.

Pappworth, M. H.: Menschen als Versuchskaninchen. Experiment und Gewissen. Zürich 1968.

Rawls, J.: Eine Theorie der Gerechtigkeit (1971). Frankfurt a. M. 1975.

Schuler, H.: Zur ethischen Problematik experimentalpsychologischer Forschung. Habil.-Schrift, Wirtschafts- und sozialwiss. Fachbereich der Univ. Augsburg. 1978.

Walster, E. / Berscheid, E. / Abrahams, D. / Aronson, V.: Effectiveness of debriefing following deception experiments. In: Journal of Personality and Social Psychology 6 (1967) S. 371 bis 380.

World Medical Association: Declaration of Helsinki. In: New England Journal of Medicine 271 (1964) S. 473. (Auch in: Katz u. a. 1972.)

World Medical Association: Deklaration von Helsinki. Empfehlung für Ärzte, die in der biomedizinischen Forschung am Menschen tätig sind. Empfehlungen angenommen vom Weltärztebund in Helsinki 1964 und revidiert vom Weltärztebund in Tokio 1975. In: Wunderli/Weisshaupt (1977) S. 249–253.

Wunderli, J. / Weisshaupt, K. (Hrsg.): Medizin im Widerspruch. Olten / Freiburg i. Br. 1977.

Zur Wissenschaftstheorie der Sozialwissenschaften

Abschied vom Positivismusstreit in der deutschen Soziologie

Der sogenannte Positivismusstreit in der deutschen Soziologie, der in den sechziger Jahren zwischen Adorno und Popper sowie zwischen Habermas und Albert ausgetragen wurde und jahrelang die Gemüter erhitzte, scheint ein großes Scheingefecht gewesen zu sein, ein Aneinander-vorbei-Reden auf beiden Seiten. Die Mißverständnisse sind auf das unglückliche Etikett »Positivismus« zurückzuführen. (Der Positivismus oder Neupositivismus war eine einflußreiche wissenschaftstheoretische Richtung in den zwanziger und dreißiger Jahren, die sich gegen jede Metaphysik, gegen jegliche Verwendung von nicht durch Logik oder Erfahrung direkt überprüfbaren Sätzen richtete. Das phänomenalistische Programm des Neupositivismus versuchte wissenschaftliche Theorien ausschließlich auf Beobachtungsaussagen wie »Dies ist rot« zurückzuführen, während die physikalistische Richtung dieser Schule alle Theorien durch logische Verknüpfung aus Beobachtungssätzen aufbauen wollte, die in einer physikalistischen Dingsprache formuliert sind. Außer Beobachtungssätzen und Kombinationen von ihnen waren nur noch logisch wahre Sätze beziehungsweise gehaltleere Bedeutungspostulate zugelassen.) Am »Positivismusstreit« der deutschen Soziologie war überhaupt kein Positivist oder Neupositivist beteiligt. Der sogenannte Kritische Rationalismus Poppers war von vornherein als ein gegen den Neupositivismus des Wiener Kreises gerichtetes Programm entwickelt worden. Poppers Falsifikationismus, der die Überprüfung einer Theorie nicht auf Induktion oder Verifikation (vollständige Bestätigung), sondern auf die Bewährung gegenüber möglichst scharfen Widerlegungsversuchen (Falsifikationsversuchen) gründete, gewann seinen Sinn überhaupt nur in der Entgegenset-

zung gegen neupositivistische wissenschaftstheoretische Ansätze.

Wenn Theorien oder allgemeine Gesetze logisch auf das
Gegebene, d. h. auf theoriefreie Beobachtungssätze, zurückgeführt werden könnten, dann wäre es eben möglich, sie
abschließend zu verifizieren – und dies bedeutete, daß das
Falsifikationsprogramm völlig überflüssig wäre. Als An-
griff gegen den Neupositivismus stieß also der mit be-
trächtlichem Aufwand vorgetragene Angriff der Kritischen
Soziologie der sogenannten Frankfurter Schule ins Leere.
Der strikte Neupositivismus war übrigens von früheren
Neupositivisten selbst schon strikt widerlegt worden, indem
die notwendige Rolle der theoretischen Begriffe betont, die
Möglichkeiten einer induktivistischen Verifikation der
Theorien widerlegt wurden. Habermas schien sich übrigens
darüber im klaren zu sein, daß seine Gegner in dieser Diskussion keine Neupositivisten alter Schule waren. Wenn er
dennoch eine positivistische Restproblematik, also positivistische Restbestände, bei den Kritischen Rationalisten ver-
mutete, so fiel er wohl auch dem irreleitenden Etikett
»Positivismus« zum Opfer; denn was er tatsächlich kriti-
sierte, war die *realistische* Grundvoraussetzung einiger der
Hauptvertreter des Kritischen Rationalismus und die Korrespondenztheorie der Wahrheit (Wahrheit als Übereinstimmung mit der Wirklichkeit bzw. als unendliches Annähe-
rungsziel der Wissenschaft), Voraussetzungen, die er durch
eine Konsensustheorie der Wahrheit bzw. durch eine Begründung von Erfolg und Wahrheitsanspruch der Wissenschaft auf die Kommunikation der Wissenschaftler ersetzen
wollte. Vertreter des Kritischen Rationalismus (etwa Albert) schienen andererseits nicht zu erkennen, daß die Kritische Soziologie letztlich gar keine neue dialektisch-her-
meneutische Methode der Sozialwissenschaften einführen
wollte, sondern im wesentlichen die *sozialphilosophische*
Diskussion über sozialwissenschaftliche Aussagen, Methoden und Voraussetzungen in einen größeren Zusammenhang

stellen wollte, wobei Wertungen, Begründungen, Entscheidungen, institutionelle Regelungen und die Forschungsorganisation mit zur Diskussion stehen sollten. Wer vernünftiges Begründen und Diskutieren immer stets mit wissenschaftlicher – genauer: erfahrungswissenschaftlicher – Begründung und Diskussion gleichsetzt, fördert freilich Mißverständnisse, gerät zumindest in Benennungsschwierigkeiten. Die philosophische Diskussion über die Wissenschaft gehört eben nicht als Menge von Aussagen zu den Theorien der Wissenschaft, obwohl sie zur Tätigkeit, zum Nachdenken wenigstens mancher Wissenschaftler gehören sollte. Ohne kritische Methodendiskussion kommt keine Wissenschaft und insbesondere keine Sozialwissenschaft aus. Deren Grundlagen sind immer noch nicht genügend durchleuchtet und müssen – durchaus in engem Zusammenhang mit der Entwicklung der sozialwissenschaftlichen Theorien selbst – weiter erörtert werden. Diese Diskussion ist aber zweifellos eine metasozialwissenschaftliche, also eine philosophische. Die philosophische Diskussion ist von der Bildung und Bestätigung objektsprachlich-wissenschaftlicher Aussagen sehr wohl zu unterscheiden, wenn auch – eben in methodologischer Hinsicht – nicht völlig abzulösen.

Die Wissenschaftstheorie des letzten Jahrzehnts hat gezeigt, daß theoretische Begriffe, die auch jeder Sozialwissenschaftler praktisch benutzt, weder im Sinne des Neupositivismus ausschließlich auf Beobachtungsbegriffe zurückgeführt werden können, noch eine durch Erfahrung vollständig zu ermittelnde Bedeutung besitzen (über den Erfahrungsgehalt hinaus haben sie auch strukturelle Bedeutung). Der Neupositivismus ist daher auch in den Sozialwissenschaften ein gescheiterter, nicht mehr zu vertretender wissenschaftstheoretischer Ansatz. Soweit die Kritische Soziologie die wichtige Rolle von Wertungen und Vorschriften hervorhob, also eine wertende Sozialwissenschaft forderte, handelt es sich nicht mehr um die Positivismusdebatte im engeren Sinne, sondern um einen anderen Streit, der die

Fortsetzung des alten Werturteilsstreits in den Sozialwissenschaften darstellt: um den Szientismusstreit, der vom Positivismusstreit klar abgetrennt werden muß.

Zur Diskussion um eine wertende Sozialwissenschaft

Die Frage, ob es eine wertende (sogenannte normative oder
kritische) Sozialwissenschaft gibt, wird seit dem Positivismusstreit in der deutschen Soziologie immer wieder diskutiert. Hat der Sozialwissenschaftler menschliche Versuchspersonen und Mengen von ihnen neutral-objektiv wie der
Naturwissenschaftler ein Gasgemisch zu behandeln? Sozialwissenschaftler, die Menschen als Gegenstände der Wissenschaft nach Methode und Vorbild der Naturwissenschaften
behandeln – in der Meinung, daß Wissenschaft wertfrei zu
sein habe und keine Normen für Menschen oder Gesellschaften liefern könne –, wurden Szientisten genannt (so
etwa von Apel oder Lorenzen). Die Kritik am Szientismus
betont demgegenüber, auch die theoretische Vernunft habe
eine Wertgrundlage, stehe unter dem »Primat der praktischen Vernunft«, sei also von Wertungen, normativen
Entscheidungen und Maßstäben abhängig, müsse sich pragmatisch auf vorgegebene Lebensformen und deren Werte
gründen.

In mancher Hinsicht werden diese Voraussetzungen von
Wissenschaftlern und Sozialphilosophen, die zu den genannten Szientisten gerechnet werden, keineswegs bestrit-
ten – jedenfalls soweit sie dem sogenannten Kritischen
Rationalismus nahestehen. Albert z. B. betonte, »die Erkenntnis« sei »von Bewertungen und Entscheidungen aller
Art durchsetzt«.[1] Die Abhängigkeit sozialwissenschaftlicher
Erkenntnisse von der sogenannten »Wertbasis« wird also
nicht geleugnet. Der Unterschied scheint im wesentlichen
darin zu bestehen, daß nach den Vertretern der wertenden
Sozialwissenschaft die normativen (wertenden oder vor-

schreibenden) Voraussetzungen und die entsprechenden Werturteile zur Sozialwissenschaft selbst gezählt werden müßten. Die Gegner dagegen meinen, wertende Aussagen gehörten nicht in das objektsprachliche (unmittelbar gegenstandsbezogene) Aussagensystem der Erfahrungswissenschaften; wäre dies der Fall, so würde der Erfahrungsgehalt der Theorien vermindert oder aufgehoben, weil normative Aussagen sich nicht erfahrungswissenschaftlich bestätigen lassen – Vorschriften und Wertungen haben eben keinen empirischen Gehalt. (Selbstverständlich schließt dies keineswegs Erfahrungsaussagen darüber aus, daß bestimmte Normen oder Wertungen in sozialen Gruppen gelten beziehungsweise anerkannt werden; solche Sätze lassen sich ohne weiteres erfahrungswissenschaftlich überprüfen – sie sind beschreibende Erkenntnisaussagen über Normen, sie *treffen* aber nicht selbst Vorschriften oder Bewertungen.)

Die Abgrenzung zwischen wertenden und beschreibenden Sätzen beruht also auf wissenschaftstheoretisch sinnvollen Gründen. Auch Vertreter der wertenden Sozialwissenschaft möchten sicherlich den Erfahrungsgehalt sozialwissenschaftlicher Theorien, auf dem ja deren Anwendbarkeit beruht, erhalten wissen. Die Bewertungen und Entscheidungen, von denen Kritische Rationalisten die Erkenntnis durchsetzt sehen, sind zumeist Auswahlvorschriften, Regeln der Erkenntnisbeurteilung, Maßstäbe für Wirklichkeitsangemessenheit und Annehmbarkeit von Theorien. Sätze über solche Wertungen und Vorschriften sollte man sauberer »philosophische« oder »wissenschaftstheoretische« nennen und sie nicht zur Gegenstandssprache der Theorie selbst, sondern zur Stufe der methodologischen Diskussion, also zur Metasprache der Sozialwissenschaft, rechnen. Auf diese Weise ließe sich sicherlich das Problem sauberer aufgliedern und wohl entschärfen. Die überkommene Wertfreiheitsbehauptung, daß Wissenschaft keine Wertungen vorzunehmen habe, ist selbst keine wissenschaftliche Aussage, sondern eine solche metawissenschaftliche Vorschrift, die eben dahingehend verstanden werden kann, daß sie vorschreibt, die Objektsprache der Theorien von Vorschriften und Bewertungen freizuhalten, damit die Überprüfbarkeit an der Erfahrung gewahrt bleibt. Die Diskussion über die Wertebasis, über die normativen Voraussetzungen oder Bewertungen und Vorschriften, findet eben in der Wissenschaftstheorie, in der methodologischen Diskussion *über* die wissenschaftlichen Theorien statt. Wertungen und Diskussionen über deren Grundlagen finden dagegen in der philosophischen Metawissenschaft, in der Philosophie der Sozialwissenschaften statt. Eine saubere Sprachregelung in diesem Zusammenhang hätte viele überflüssige Schulenstreitigkeiten vermeiden können. – Das Mißverständnis scheint sich auch dadurch ausgeprägt zu haben, daß der Ausdruck »Wissenschaft« mehrdeutig verwendet wird. Vertreter der wertenden (kritischen) Sozialwissenschaft scheinen nicht klar zwischen dem sozialen Teilgebilde und der Forschungsorganisation der Wissenschaft einerseits und dem Gefüge der theoretischen Aussagen als abstrahierter und abgetrennter sprachlicher Gebilde andererseits zu unterscheiden. Zur Organisation der Wissenschaft gehören natürlich viele Vorschriften, Wertungen usw., obwohl dies nicht bedeutet, daß sie zur Objektsprache der wissenschaftlichen Theorie, also zur Wissenschaft im engeren Sinne, zählen. Jede Institution wie auch die Wissenschaft hängt als solche natürlich von sozialen Werten und Normen ab. Dies bedeutet aber nicht, daß man nun keinerlei Unterscheidungen mehr zwischen überprüfbaren Sätzen mit Erfahrungsgehalt im (objektsprachlichen) Aussagensystem der wissenschaftlichen Theorien einerseits und den Normen und Werten, welche die soziale Institution »Wissenschaft« regieren, durchführen könnte und sollte. Zweifellos hängt auch die Problemauswahl und somit die geschichtliche Entwicklung der Wissenschaft mittelbar von Bewertungen – etwa dessen, was interessant, nützlich, nötig erscheint – ab. Auch diese Wertungen, außer- und metawissenschaftliche Entscheidungen kann

man natürlich wiederum diskutieren, kritisieren oder ab-
ändern. Dies geschieht allerdings nicht *innerhalb* der gegen-
standsbezogenen wissenschaftlichen Theorie selbst, sondern
in der philosophischen, wissenschaftlichen Diskussion *über*
diese.

Der Streit um den Szientismus in der Sozialwissenschaft
scheint also ähnlich unfruchtbar auszugehen wie der sogenannte Positivismusstreit – obwohl mit etwas abgewandel-
ten Ergebnissen: Während der Positivismusstreit darauf
hinauslief, daß theoretische Begriffe und Beobachtungsbegriffe sowie Metaphysik und Erfahrung sich jeweils nicht
scharf voneinander abtrennen lassen, wird man bei dieser
neuen Debatte doch klar zwischen wertenden und erkennt-
nisliefernden Sätzen unterscheiden müssen – eben wegen der
erwähnten Sicherung empirischer Überprüfbarkeit. In vielen Bereichen sind die Sozialwissenschaften nicht axioma-
tisch formalisiert, sie sind noch weitgehend dem Umgangs-
sprachgebrauch verpflichtet. Daher ist auch die Unterscheidung zwischen dem wertfreien Aussagensystem und den
methodologischen Normen nur in einer idealtypischen
Überhöhung möglich. In Wirklichkeit dürfte es kaum
strenge Szientisten geben, ebensowenig wie es kaum noch
überzeugte Neupositivisten in der Sozialwissenschaft gibt.
In der praktischen Arbeitsteilung der Wissenschaftler wird
natürlich nicht jeder einzelne Fachwissenschaftler selbst
philosophisch und wissenschaftstheoretisch über Methoden,
Voraussetzungen und Maßstäbe seiner Arbeit eigene Untersuchungen anstellen können. Doch diese innerwissenschaft-
liche Arbeitsteilung widerstreitet ebensowenig der klaren
Unterscheidung zwischen Sozialwissenschaft und der philosophischen Theorie der Sozialwissenschaft (der Metasozial-
wissenschaft) wie die Tatsache, daß beide, Wissenschaft
und Metawissenschaft, ständig aufeinander hinzuordnen
und in stetiger wechselseitiger Berührung und Auseinandersetzung zu entwickeln sind.

Gibt es sozialwissenschaftliche Gesetze?

»Das Steigen der Nachfrage (der nachgefragten Menge
eines Gutes) bewirkt eine Erhöhung des Gleichgewichts-
preises des Gutes (d. h. des Preises, der sich bei Gleichheit
von Angebot und Nachfrage einpendelt).« – »Alle Gesellschaften sind sozial geschichtet.« – »Wenn zwischen Mitgliedern einer sozialen Gruppe keine formelle Autoritäts-
beziehung besteht, dann wird ein beobachtbares Anwachsen
der Häufigkeit von Interaktionen zwischen den Individuen
zu einem Anwachsen der positiven Gefühlseinstellungen
und entsprechender Äußerungen zwischen ihnen führen,
falls nicht eine gewisse Grenze der Kontaktdichte über-
schritten wird.« – Allgemeine Aussagen wie die vorstehen-
den werden üblicherweise als Beispiele allgemeiner Gesetze
(Gesetzeshypothesen) der Sozialwissenschaften angeführt.
Sie lassen sich meist auf die allgemeine Form einer Wenn-
dann-Hypothese bringen – im einfachsten Fall von folgender Gestalt: Für alle x gilt, wenn x P ist, dann ist x auch
Q (dabei bezeichnen P und Q sogenannte Prädikatkon-
stanten).
Gibt es also allgemeine sozialwissenschaftliche Gesetze?
Diese Frage ist nach wie vor bei Grundlagentheoretikern
der Sozialwissenschaften umstritten. Manche bekannten Soziologen (z. B. Galtung) behaupten, es gäbe überhaupt keine
soziologischen Gesetze. Einige (etwa Homans) begründen
dies damit, daß scheinbare Gesetzesaussagen der Soziologie
in Wahrheit sich auf psychologische oder sozialpsycholo-
gische Gesetze zurückführen lassen. Dieser Trick löst natürlich nicht das Problem; denn dieselbe Frage stellt sich wieder im Hinblick auf den Gesetzescharakter psychologischer
Allsätze von Wenn-dann-Form. Wollte man also auf diese
Weise Gesetze aus der Sozialwissenschaft ausschließen, so
käme dies einer unnützen Vernichtung des interessanten
Problems durch Beschluß gleich: Man würde Zuflucht zu
uninteressanten Einteilungsproblemen nehmen. Zudem ist

unbestritten, daß psychologische Aussagen in so engem Zusammenhang mit sozialwissenschaftlichen Sätzen stehen, daß man die Psychologie – zumindest die Sozialpsychologie – durchaus im weiteren Sinne zu den Sozialwissenschaften zählen könnte.

Andererseits deuten die Gesetzeskritiker durchaus etwas Richtiges an: Würde man die Sozialwissenschaft – insbesondere etwa die Soziologie – strikt auf solche allgemeinen Wenn-dann-Hypothesen beschränken, so müßte man wohl den größten Teil der allgemeineren soziologischen Theorien wegstreichen und hätte eigentlich nur noch einen uninteressanten Torso zur Verfügung. Während nämlich allgemeine Gesetze keinerlei Individuennamen enthalten (die sich eben auf Individuen, besonders gekennzeichnete und eingegrenzte Raum-Zeit-Gebiete oder spezifische historische Epochen beziehen), treten in den meisten interessanten soziologischen Aussagen Namen, Individuenkonstanten, Epochenbezeichnungen mit bestimmten Einschränkungen der erwähnten Art auf. Max Webers These vom Aufstieg des kapitalistischen Unternehmertums im Zusammenhang mit der Verbreitung der protestantischen Ethik enthält z. B. den Namen »protestantisch« – eine sozialhistorische Konstante, die kein universeller Gattungsbegriff ist. Ähnliches gilt für sehr viele andere Ausdrücke, die in soziologischen und sozialwissenschaftlichen Theorien allgemein auftreten: »abendländisch«, »marxistisch« sind Beispiele hierfür. Es muß vorerst auch offenbleiben, ob Ausdrücke wie »Leistungsgesellschaft«, »Industriegesellschaft« oder »Kapitalismus« in sozialwissenschaftlichen Theorien als allgemeine Gattungsausdrücke auftreten oder nicht vielmehr im Zusammenhang mit der historischen und sozialgeschichtlichen Entwicklung zu deuten sind. Im letzteren Falle würde es sich bei den erwähnten Bezeichnungen dann auch um Namen handeln. Wenn aber allgemeine Gesetzesaussagen (sogenannte nomologische Hypothesen) keine Individuenkonstanten oder spezifische raum-zeitliche Beschränkungen enthalten können, dann kann es sich bei sehr vielen interessanten sozialwissenschaftlichen Verallgemeinerungen nicht um echte Gesetze handeln. Alle Aussagen von der skizzierten Wenn-dann-Form, die Namen oder Individuenkonstanten enthalten, werden Quasi-Gesetze genannt (Albert), wenn sie abgesehen vom auftretenden Namen sonst die logische Form von Gesetzen aufweisen. Quasi-Gesetze können nun durchaus zu einer Art Erklärung benutzt werden: zu einer Quasi-Erklärung, die sehr wohl für die Zwecke einer systematischen Voraussage, Begründung oder Erklärungsargumentation Verwendung finden kann. Würden sich etwa erklärende Argumente, die den Gattungsausdruck »Leistungsgesellschaft« verwenden, nicht als universell zutreffend herausstellen, sondern nur unter den historisch besonderen Bedingungen der uns bekannten Industriegesellschaften gelten, so würde die Fruchtbarkeit der Quasi-Erklärung durchaus erhalten bleiben, obwohl der Anspruch auf unbeschränkte Gültigkeit über den umrissenen Bereich hinaus verworfen werden müßte.

Läßt man Quasi-Erklärungen als wissenschaftliche Begründung in der Sozialwissenschaft zu, so ist die Behauptung, die Soziologie sei eine verallgemeinernde systematisierende Wissenschaft, durchaus verträglich damit, daß sie nicht ausschließlich strikt universelle Gesetzesaussagen verwendet. Ein liberaler Standpunkt in der Wissenschaftstheorie der Sozialwissenschaft empfiehlt sich oft deshalb, weil man nicht alle interessanten Quasi-Erklärungen und historisch-situationsgebundenen Voraussetzungen herauslassen könnte, ohne die entsprechende Sozialwissenschaft – dies gilt besonders für die historische Soziologie – als Wissenschaft zu zerstören.

Rescher und Helmer meinen, daß die interessanten methodologisch-wissenschaftstheoretischen Unterscheidungen nicht so sehr zwischen Natur- und Sozialwissenschaften zu orten sind, als vielmehr quer zu dieser Trennung verlaufen. So gebe es relativ exakte Teile der Sozialwissenschaften, während manche Bereiche der Naturwissenschaften durchaus unexakt seien und Phänomene des Historischen aufwiesen. Unexaktheit ist also kein Kennzeichen der Sozialwissenschaften, obwohl die meisten Allaussagen etwa der Soziologie in gewissem Sinne unexakt sind, weil sie Ausnahmen zulassen. Rescher und Helmer entwickelten daher eine Wissenschaftstheorie solcher nicht universal anwendbarer, nur »quasi-allgemeiner« Aussagen, die Ausnahmen zulassen, ohne ungültig zu werden. Es handelt sich dabei nicht um statistische Aussagen, sondern durchaus um All-Sätze, die nur eben Ausnahmen für gewisse, besonders zu begründende Fälle zulassen. Man kann sich dies verdeutlichen an dem Beispiel der All-Aussage: »In der Marine des vorrevolutionären Frankreich waren nur Adelige hohe Offiziere.« Diese Aussage kann durchaus zu wissenschaftlichen Zwecken verwendet werden, obgleich mit Jean Bart, einem Fischerssohn, eine – besonders zu begründende – Ausnahme zu finden war. Der jeweilige Schlußsatz wird bei solchen Erklärungsargumenten nur bis auf anerkannte Ausnahmefälle gültig sein, Schlüsse sind sozusagen abzuschwächen, die Ausnahmefälle eben zu begründen. Es ist zweifellos sinnvoller, solche All-Sätze mit Ausnahmen zuzulassen, als auf die Ordnung von Bereichen durch allgemeine Aussagen überhaupt zu verzichten. Wie man sieht, ist dieser Begriff quasi-allgemeiner Aussagen noch schwächer als der zuvor genannte Begriff der Quasi-Gesetze, bei denen durchaus noch eine gesetzesartige Verbindung behauptet wird.

Deutlich ist jedenfalls, daß der Gegensatz: hie vollständige Gesetzeserklärung, dort gar keine wissenschaftliche Verallgemeinerung und Erfaßbarkeit für die Sozialwissenschaften nicht zutreffen kann. Offensichtlich gibt es mehrere Stufen der Verallgemeinerung und neben echten sozialwissenschaftlichen Gesetzeserklärungen schwächere Quasi-Erklärungen oder auch die Möglichkeit, bloße empirische Verallgemeinerungen für bestimmte Trendprognosen vorzunehmen. Auch nicht-orthodoxe Vorhersagetechniken wie die Delphi-

Technik, die Simulation usw., die sich immer mehr in den angewandten Sozialwissenschaften verbreiten, sind nicht sinnlos, sondern eröffnen unter Umständen Möglichkeiten für Scheinexperimente mit Modellen für die Variation von Variablen auch dort, wo echte Experimente sich aus ethischen, historischen oder anderen Gründen nicht durchführen lassen.

Insgesamt hat also weder die rein naturalistisch-nomologische Deutung der Sozialwissenschaften als strikte Gesetzeswissenschaften (sogenannte nomothetische Wissenschaften) noch ihre Deutung als ausschließlich verstehende Disziplinen (sogenannte ideographische Wissenschaften) das volle Recht auf ihrer Seite. Es gibt Teildisziplinen – wie etwa die neoklassische Ökonomie –, in denen die Formulierung von allgemeinen Gesetzen durchgängig möglich zu sein scheint (selbst wenn von manchen Kritikern behauptet wird, daß es sich weitgehend um gehaltleere Gesetze handele, die nicht echt an der Wirklichkeit scheitern können). Andere, insbesondere dem Geschichtlichen verbundene Teile der Sozialwissenschaften, sind auf die Verwendung von Namen für bestimmte Epochen, Individuen, Wertsysteme, Geistesströmungen angewiesen. In den Sozialwissenschaften kann man also weder allgemein auf jegliche systematisierende Verallgemeinerung und Gesetzesbildung verzichten, noch sich auf die wenigen echten sozialwissenschaftlichen Gesetze beschränken.

Lassen sich die Sozialwissenschaften rein verhaltenstheoretisch und operationalistisch begründen?

Die Verhaltenstheorien, die sich insbesondere im Gefolge der verhaltenstheoretischen Psychologie Skinners entwickelten, versuchen, auch das soziale Verhalten unter ausschließlichem Rückgriff auf beobachtbare und im Experiment manipulierbare Variablen zu erklären. Die Verhaltenstheorien sind in Laborexperimenten mit Tieren entwickelt worden, um die Meßgrößen isolierbar und kontrollierbar zu halten, um im Tierexperiment extreme Werte der Deprivation (etwa des Futterentzugs usw.) zu ermöglichen sowie um störende Wechseleinflüsse zwischen Versuchspersonen und Versuchsleiter auszuschließen. Solche Laborexperimente werden zwar vielfach auch in der Sozialpsychologie verwendet, es wird jedoch immer deutlicher, daß man diese nicht ohne weiteres auf Feldbedingungen übertragen kann, wenn man systematische Verzerrungen vermeiden möchte. Für menschliche Versuchspersonen trifft ohnehin die Annahme der vollständigen Vergleichbarkeit in der isolierten Laborsituation nicht zu, da die Teilnehmer ganz individuelle Vorgeschichten aufweisen und ihre Persönlichkeit sowie Einstellungen und spezifische individuelle Verhaltensneigungen nicht beim Eintritt ins Labor gleichsam ablegen können. Auch kulturelle Wertungen, Bedeutungszusammenhänge, Deutungen im Lichte bestimmter kultureller Traditionen usw. können das bewußte Entscheidungsverhalten des Menschen beeinflussen; sie sind aber einer strikt verhaltenstheoretischen Analyse nicht ohne weiteres zugänglich. Neuartiges, kreatives Verhalten kann nach Skinners verhaltenstheoretischem Modell ebensowenig zureichend erfaßt werden wie das im voraus planende Handeln im Hinblick auf zeitlich entfernte Zielzustände. Man muß gewisse »Pläne«, »Wünsche«, »Meinungen«, »Einstellungen« usw. als wesentliche Gründe für das bewußte menschliche Entscheidungshandeln ansehen. Nur das Erlernen sinnloser Silbenkombinationen z. B. konnte verhaltenstheoretisch gut beschrieben werden. Im allgemeinen reagiert der Mensch weniger auf physische Reize allein als auch auf bedeutete Signale und Symbole, auf eine im Lichte von Einstellungen, Wünschen usw. bestimmte Situation. Gleiche Bewegungen können ganz verschiedene Handlungen darstellen, wenn sie in unterschiedlichen Bedeutungszusammenhängen auftreten: Ob ein Speerwurf eine Jagdhandlung, ein kriegerischer Angriff oder eine Sportübung darstellt, läßt sich unter Umständen nicht ausschließlich an der äußeren Form der Bewegung ablesen, sondern hängt vom kulturell geprägten Bedeutungszusammenhang ab, in den die Bewegung eingebettet ist. Das menschliche Handeln ist normengeleitet. Der Mensch kann bewußt von Normen abweichen, diese geradezu leugnen, protestierend dagegen angehen: Soziale Normen können also nicht in demselben Sinne zur Erklärung verwendet werden wie naturwissenschaftliche Gesetze, die prinzipiell keine bewußte Abweichung zulassen. Alle diese Einschränkungen leugnen nicht, daß die Anwendung eines verhaltenstheoretischen Ansatzes in Teilbereichen – insbesondere bei monotonen, unreflektierten Routineverhaltensweisen – erfolgreich sein kann. Sie können aber eben nicht alles soziale Handeln erfolgreich erklären.

Im übrigen handelt es sich bei den verhaltenstheoretischen Ansätzen gar nicht um echte Erklärungen im wissenschaftstheoretischen Sinne, sondern nur um die Feststellung statistisch signifikanter Korrelationen zwischen beobachtbaren Eingabe- und Ausgangsgrößen aus einem gegebenen beziehungsweise vom Versuchsleiter abgegrenzten Verhaltensrepertoire. Wenn die Taube, der Futter geboten wird, sobald sie den Kopf über eine vom Versuchsleiter festgelegte Marke hinausgereckt hat, sehr bald immer häufiger den Kopf reckt, so kann man weder davon sprechen, daß zwischen dem Verstärker Futter und dem Halsrecken ein unmittelbarer Kausalzusammenhang besteht, der sich in der signifikanten Häufigkeitszunahme des Halsreckens gesetzesartig ausdrückt, noch von einer strikt kausalen Gesetzeserklärung im naturwissenschaftlichen Sinne. Skinner selbst erwähnte auch nur »funktionale Beziehungen« zwischen den Eingabe- und Ausgangsgrößen: Beziehungen, die für eine Manipulation sowie für Voraussagezwecke in solchen einfach gestalteten Experimentiersituationen zweckmäßig verwendet werden können. Man kann also durchaus eine einfache Verhaltenstechnologie auf diese Beziehungen grün-

den, und Skinners verhaltenstheoretische Pädagogik baut
ja ausschließlich auf diesem Verstärkungsmechanismus auf.
Man kann jedoch nicht behaupten, man hätte schon eine
voll entwickelte sozialwissenschaftliche Theorie, die dem
Vorbild der Naturwissenschaften entsprechend eine echte
Gesetzeserklärung erlaube. Es gibt allerdings andererseits
Versuche, das Modell der Verhaltenstheorie in die Form
logisch zusammenhängender statistischer Hypothesen zu
bringen und so für statistische (und nicht-kausale) Voraussagen auszunutzen (Opp).

Auch die Beschränkung auf einen strikt behavioristischen
Ansatz in der Sozialwissenschaft würde dazu führen, daß
große Teile der interessanten Erkenntnisse und Begründungen dieser Disziplinen einfach fortgestrichen werden müßten: Wieder könnte Max Webers These vom Geist des
Kapitalismus und von der protestantischen Ethik als ein
Beispiel hierfür dienen.

Die strikt verhaltenstheoretische Analyse ist nicht nur be-
havioristisch, sondern auch operationalistisch: Das heißt, es
wird beansprucht, daß jede Größe durch das Verfahren
ihrer Messung definiert werde und keine Bedeutung außerhalb dieses durch die Meßvorschrift zugeordneten Sinns
habe. Die Wissenschaftstheorie hat allerdings in den letzten
Jahren zweifelsfrei nachgewiesen, daß ein strikter Operationalismus in den Erfahrungswissenschaften am Problem
der theoretischen Begriffe (insbesondere der durch mehrere
Bedingungen gleichzeitig zu kennzeichnenden Dispositions-
und Fähigkeitsbegriffe) scheitert. Praktisch muß auch der
Sozialwissenschaftler mit theoretischen Begriffen arbeiten,
die sich nicht ausschließlich auf Meßanordnungen und Meßvorschriften zurückführen lassen. Eine möglichst weit-
gehende Zuordnung von Größen zu Meßvorschriften,
manchmal Operationalisierung genannt, kann man begrü-
ßen, ein strikter Operationalismus als allgemeine Behauptung, daß jeder Begriff vollständig durch Meßvorschriften
zu definieren sei und man dementsprechend nur operational

definierte Begriffe verwenden solle, ist nicht durchführbar.
Das Scheitern des strikten Operationalismus zieht aber das
Scheitern des strikten Behaviorismus nach sich. Auch aus
diesem Grunde ist also eine rein behavioristische theoretische Soziologie nicht möglich, obwohl, wie erwähnt, manche sozialen Verhaltensweisen durchaus durch das Teil-
modell des Verstärkungslernens nach Skinner beschrieben
werden können. Gegenüber den in Grenzen erfolgreichen
verhaltenstheoretischen Ansätzen muß festgestellt werden,
daß auch die sogenannte verstehende Soziologie ihr rela-
tives Recht behält: Sie beachtet, daß normengeleitetes Handeln von Deutungen und Einbettungen in kulturelle, nur
durch symbolische Entschlüsselung zu verstehende Zusammenhänge abhängt. Der Ausdruck »verstehend« ist dabei
freilich noch einer genaueren Untersuchung zu unterziehen.
Schon bei Weber ersetzte das sogenannte Verstehen keineswegs die nachträgliche empirische Bestätigung der im Verstehen gewonnenen Aussage. Das Verstehen scheint unerläßlich für die Gewinnung auch wissenschaftlicher Aussagen zu sein, kann aber kein wissenschaftliches Verfahren
zur Garantie, Kontrolle oder Bestätigung von Aussagen
sein. Auf das schwierige wissenschaftstheoretische Ver-
stehensproblem kann allerdings an dieser Stelle nicht weiter
eingegangen werden.

*Lassen sich die Sozialwissenschaften auf die Psychologie
zurückführen?*

Manche Soziologen wie z. B. Homans versuchen nach dem
Muster der naturwissenschaftlichen Gesetzeserklärung sozialwissenschaftliche Erklärungen auf psychologische zurückzuführen, - d. h. in Erklärungen, die lediglich psychologische Gesetze verwenden, aufzulösen. Jedes soziale
Phänomen oder Ereignis läßt sich demnach unter allgemeine
psychologische Gesetze bringen. Die Begründung für diese

Behauptung wird indirekt und durch Ausschluß gegeben: Homans unterscheidet vier Typen von Erklärungen: strukturelle, funktionale, historische und psychologische – und er versucht, durch Ausschluß der ersten beiden Typen sowie durch Rückführung des dritten auf den letzten die psychologische Erklärung als die einzig sinnvolle und vertretbare für die Sozialwissenschaften darzustellen. Strukturelle Erklärungen, so wird behauptet, seien gar keine Erklärungen, weil sie nur Korrelationen zwischen bestimmten Eigenschaften von Institutionen herstellen. Dabei wird allerdings ein viel zu enger Erklärungsbegriff zugrunde gelegt. Es wird vernachlässigt, daß die meisten sozialwissenschaftlichen Erklärungen nicht kausale Gesetzeserklärungen sind, sondern sehr oft lediglich aus statistischen Ereigniserklärungen bestehen, die heutzutage durchaus wissenschaftstheoretisch präziser gefaßt werden können. Auch die Möglichkeit von Quasi-Erklärungen in Sozialwissenschaften wird nicht gesehen. Gerade Zusammenhänge zwischen Institutionen und ihren Eigenschaften dürften häufig nicht allgemein naturgesetzlicher, sondern quasi-gesetzlicher Art sein. – Gegen funktionale Erklärungen wird eingewendet, daß es fast unmöglich sei, Begriffe wie »Gleichgewicht« und »Überleben« von Sozialsystemen schärfer zu fassen. Funktionale Erklärungen hätten daher keinen faßbaren empirischen Gehalt, stützten sich nicht auf empirisch gehaltvolle generelle Aussagen. Wissenschaftstheoretikern wie Hempel, Stegmüller und anderen ist es allerdings gelungen, ein Schlußschema für die funktionale Erklärung zu liefern, das dieser Erklärungsart dennoch eine empirische Verwendung erlaubt. Freilich ist es schwierig, bei sozialen Systemen funktionale Vorbedingungen, Kriterien des Überdauerns und des »normalen« Funktionierens sowie Toleranzspielräume für Systemzustände einigermaßen präzise zu fassen. Läßt sich eine solche Festlegung von notwendigen Bedingungen aber einigermaßen kontrollierbar durchführen, so kann die funktionale Erklärung durchaus als eine sinnvolle

und empirisch gehaltvolle sozialwissenschaftliche Erklärungsart verwendet werden. – Historische Erklärungen, so
wird von Homans betont, seien nur versteckte psychologische: Der Historiker läßt eben seine allgemeinen (psychologischen) Gesetze unerwähnt. Er benutzt sie stillschwei-
gend. Es kann hier außer Betracht bleiben, ob der Historiker nicht auch andere sozialwissenschaftliche Verallgemeinerungen – außer psychologischen – benutzt, zumal die
Wende der Geschichtswissenschaft zur Sozial- und Wirt-
schaftsgeschichte ohne eine gewisse Öffnung für die Methoden der Sozialwissenschaften kaum möglich gewesen wäre.
Mit dem Nachweis, daß funktionale und ebenso strukturelle Erklärungen durchaus empirisch sinnvolle Methoden
der Sozialwissenschaften sein können, ist Homans' Versuch,
zu beweisen, daß die psychologischen Erklärungen die einzigen in der Sozialwissenschaft verwendbaren sind, schon
gescheitert.
Es lassen sich auch Argumente dafür beibringen, daß psychologische universelle Gesetze allein bestimmte soziale
Verhaltensweisen beziehungsweise soziale Unterschiede nicht
hinreichend erklären können. Allgemeine – und also kultur-
übergreifend gültige – psychologische Gesetze können z. B.
nicht erklären, warum Mitglieder verschiedener Gesellschaften sich im Handeln an ganz unterschiedlichen Werten
orientieren. Zudem gibt es Beispiele von Gesetzen aus der
Organisationssoziologie, die sich nicht unmittelbar auf psychologische Gesetze zurückführen lassen – etwa: »Wachsende Größe einer formalen Organisation hat Strukturauf-
teilungen und -untergliederungen in verschiedenen Hin-
sichten zur Folge.«
Wenn es auch sinnvoll ist und bleibt, nach Möglichkeit
soziale Verhaltensweisen durch psychologische Gesetze zu
erklären, so ist doch der umfassende methodologische Psychologismus, d. h. die Behauptung, alle sozialwissenschaftlichen Aussagen und Theorien ließen sich auf psychologische Aussagen und Theorien vollständig zurückführen,

gescheitert. Sozio-kulturelle Erscheinungen und Zusammenhänge würden auf diese Weise ungebührlich vernachlässigt und ließen sich nicht in einen Erklärungszusammenhang einbringen. Soziale Faktoren lassen sich nicht immer und ohne Rest auf individuelle Bestimmungsgründe zurückführen. Dies wird im nächsten Abschnitt noch deutlicher werden.

Homans behauptet, daß sein methodologischer Psychologismus den sogenannten methodologischen Individualismus enthält. Das heißt, der Versuch, alle sozialen Phänomene ohne Rest und nur durch Rückgriff auf Handlungen von Individuen zu erklären, muß notwendigerweise und kann nur Gebrauch von allgemeinen psychologischen Gesetzen machen. Der Wissenschaftstheoretiker Popper, einer der Hauptvertreter des sogenannten methodologischen Individualismus, hat jedoch den Psychologismus energisch bekämpft. Da man unter Umständen auch verhaltenstheoretische oder gar physiologische Erklärungen von individuellen Verhaltensweisen geben kann, die nicht allein auf allgemein psychologischen Gesetzen beruhen, scheint der logische Zusammenhang eher umgekehrt zu sein: Der Psychologismus ist stets auch ein methodologischer Individualismus (der im folgenden diskutiert wird), aber nicht notwendig umgekehrt.

Zum methodologischen Individualismus

Die Hauptthese des methodologischen Individualismus besagt, daß alles Wissen über soziale Phänomene nur aus dem Wissen über Individuelles, d. h. über Interessen, Meinungen, Haltungen, Dispositionen und Verhaltensweisen von Individuen formuliert, hergeleitet und auch bestätigt werden kann. Wie der methodologische Psychologismus ist auch der methodologische Individualismus eine reduktionistische Theorie. Da Soziales stets aus persönlichen individuellen

Einstellungen entstehe und der Sozialwissenschaftler keinen
direkten Zugang zu Struktur und Verhalten eines sozialen
Systems habe außer über den Weg der Analyse von individuellen Handlungen, Situationen und Einstellungen, schließen methodologische Individualisten wie Watkins – im Anschluß an Popper und von Hayek –, soziale Phänomene
könnten nur durch individualistische Erklärungen erfaßt
werden, indem menschliche Dispositionen als »die letzten
Prämissen der Sozialwissenschaften« verallgemeinert, durch
Gesetze erfaßt und auf spezielle Situationen und Bedingungen angewendet würden. Aus beiden, Dispositionsgesetzen
und speziellen Situationsbedingungen, wären dann die erklärenden Schlüsse zu ziehen. Kritiker des methodologischen Individualismus (wie Goldstein und Mandelbaum)
zeigten, daß die methodologischen Individualisten verges-
sen, wie sehr menschliche Dispositionen und ebenfalls Situationen kulturell und sozial geprägt sein können – so sehr,
daß unter Umständen eine Erklärung sozialen Handelns
nicht ohne Rückgriff auf sozio-kulturelle Variablen möglich ist. Insbesondere wenn über anonyme oder allgemeine
Dispositionen gesprochen wird, dürfte es sich um Versuche
handeln, über nicht individualisierbare Merkmale von Gesellschaften oder Gruppen oder eben über unhintergehbar
sozial geprägte Handlungsweisen zu sprechen. Offensichtlich prägen auch Rollenbedingungen, Rollenzwänge das
persönliche Verhalten mit. Wie im vorigen Abschnitt erwähnt, lassen sich institutionelle Zusammenhänge und Or-
ganisationsverhältnisse nicht in psychologische Einzelnei-
gungen auflösen, zumal jeder einzelne in den Rahmen gesellschaftlicher Gruppen beziehungsweise in eine Kultur
hineingeboren und hineinerzogen wird. Mandelbaum zeigte,
daß erst das Wissen um soziale Stellung, Rolle und Institutionen sowie die zugehörigen Vorstellungen das Verhalten
von Handelnden erklären oder überhaupt plausibel machen
können. Er versucht dieses an dem Beispiel jemandes zu
zeigen, der auf eine Bank geht, um Geld abzuheben. Diese

soziale Handlung dürfte kaum einem Eingeborenen, der westlichen Zivilisation noch nicht ausgesetzten Südseeinsulaner zu erklären sein, ohne daß eine längere Erläuterung über die Institution des Bank- und Geldwesens mitgeliefert wird. Selbst wenn sich einzelne Einstellungen auf psychologische Handlungsneigungen zurückführen lassen, so bleibt nach Mandelbaum doch ein Rest von sozio-kulturellen Begriffen nötig – und sei es nur zu dem Zweck, die besonderen Bedingungen herauszustellen, unter denen das zu erklärende Handeln abläuft. Goldstein zeigt darüber hinaus, daß eine Theorie des methodologischen Individualismus keine Erklärung für die über längere Zeiträume vonstatten gehende Entwicklung sozialer Bewegungen leistet. Langfristige Umorientierungen, Änderungen im Rollenverhalten oder bei Wertsystemen sowie die Gründung gänzlich neuer sozialer Institutionen scheinen auf dieser Grundlage gar nicht erklärt werden zu können; denn eine Erklärung, die alles auf subjektive Neigungen zurückführt, scheint zunächst nur für zeitliche Querschnittsanalysen geeignet. Ferner kann eine solche Methode kaum bisher nicht verwirklichte Kombinationen von verschiedenen sozio-kulturellen Wirkgrößen erfassen. So ist bisher in keiner Gesellschaft etwa eine Familienregelung der Art gefunden worden, daß unverheiratete Frauen mit einer Tante väterlicherseits leben und ihre späteren Ehemänner dann ebenfalls in das Heim dieser Tante bringen – eine Struktur der Familiengründung, die durchaus möglich wäre und daher mit den theoretischen Mitteln des Sozialwissenschaftlers sollte erfaßt werden können. Wenn man ausschließlich Handlungsneigungen einzelner Individuen analysiert, so läßt sich leider auf dieser Grundlage weder eine Beschreibung noch eine Erklärung für das Zustandekommen einer solchen Familiengründungsstruktur liefern. Nur der Rückgang auf sozio-kulturelle Erklärungsfaktoren, auf strukturelle Zusammenhänge und eventuell auf Quasi-Gesetze könnte hier eine Erklärungsbasis bilden. Mit dem methodologischen Individualismus steht es ähnlich wie mit dem Psychologismus: Es dürfte sinnvoll sein, soweit wie möglich zu versuchen, mit individualistischen Erklärungen auszukommen – ohne daß man behaupten könnte, alle sozialen Phänomene ließen sich in dieser Weise fassen.

Die Ablehnung des methodologischen Individualismus braucht im übrigen nicht die Anerkennung eines Holismus zu bedeuten, einer These, die eine eigene Existenzweise sozialer »Dinge« unterstellt und glaubt, daß solche »sozialen Wesenheiten« alles deterministisch bestimmen, was Menschen tun oder was ihnen zustoßen kann. Insbesondere ist mit der Ablehnung des methodologischen Individualismus nicht notwendigerweise die Anerkennung des Historizismus verbunden, demzufolge alles in eindeutiger Weise entsprechend einem Wesensgesetz der Geschichte oder der Gesellschaft oder gar der Dialektik geschieht. Methodologie und Ontologie sind zweierlei. Die Ablehnung des methodologischen Individualismus braucht nicht Anerkennung eines ontologischen Holismus, also der Existenz eines »Gruppengeistes« oder gar eines »Weltgeistes« oder einer von Individuen unabhängigen Existenz sozialer Institutionen und Phänomene zu bedeuten. Man kann zugleich den methodologischen Individualismus ablehnen und einen ontologischen Individualismus vertreten. Soziale Strukturen können Wirkungen zeitigen, ohne eine von Individuen unabhängige eigene »Seinsweise« zu besitzen.

Sind die Sozialwissenschaften Handlungs- oder Strukturwissenschaften?

Besonders in der Soziologie, aber auch in anderen Sozialwissenschaften wie bei der Politologie, hat sich im letzten Jahrzehnt der Gegensatz zwischen zwei gänzlich verschiedenen, scheinbar einander ausschließenden Auffassungen zugespitzt: Der Gegensatz zwischen der Sozialwissenschaft als Handlungswissenschaft und als Strukturwissenschaft. Behavioristen, Psychologisten und methodologische Individualisten vertreten natürlich die Auffassung, die Soziologie sei eine Wissenschaft, die sich ausschließlich mit den verallgemeinerungsfähigen Aussagen über Handlungen (besser: Verhalten) und Interaktionen (Wechselbezügen und Reaktionen zwischen Handelnden) befaßt. – Auf der anderen Seite steht die ausschließliche Beschränkung der Sozialwissenschaften auf einen Strukturaspekt, der zweifellos auf makrosoziologische Ansätze zurückgeht, die das Wirken gesellschaftlicher Kräfte im Gesamtzusammenhang der Gesellschaft oder in und zwischen Teilsystemen oder -organisationen untersuchten, ohne auf Handlungen, Motive und Auffassungen der einzelnen Mitglieder der Gesellschaft oder ihrer Teilgruppen einzugehen. Dieser Ansatz hat sich zweifellos zunächst in der Folge der marxistischen Theorie entwickelt, wurde aber später von anderen makrosoziologischen Strukturtheorien übernommen – schon früher etwa in der Bürokratietheorie, neuerdings in der Organisationssoziologie. Dieser Ansatz beschäftigte sich, vielleicht angeregt durch seine Herkunft, besonders mit Erscheinungen der Entfremdung, der Ausbeutung, der rollenmäßigen Aufteilung (»Segmentalisierung« und »Fragmentarisierung«) des Menschen in der modernen Industriegesellschaft. Dieser Standpunkt verdankt also nicht nur sein Entstehen der Kultur- und Sozialkritik, sondern wird auch heute noch von der sozialphilosophischen Gesellschaftskritik häufig bemüht. Die beiden Ansätze sind jedoch keineswegs eindeutig auf die geschilderte inhaltlich-politische Zuordnung zur Gesellschaftskritik beziehungsweise zu eher konservativen Gesellschaftsauffassungen festgelegt.

Galtung hat vor einigen Jahren den Gegensatz, die scheinbare Unvereinbarkeit und den jeweiligen Totalanspruch beider Ansätze kritisiert. Die Auffassung der Soziologie als einer Handlungswissenschaft unterliege der Gefahr, den »Mythos« zu vertreten, jeder sei ein Handelnder, neige zur

Heroisierung einzelner Taten und Persönlichkeiten und sei »strukturblind«. – Die ausschließliche Beschränkung auf eine Struktursoziologie hingegen kann Individuen, zumal solche aus den unteren Sozialschichten, gar nicht als Handelnde in den Blick nehmen, sondern sie nur als selbst untätige Gegenstände oder Schnittpunkte sozialer Kraftfelder oder gegeneinander stehender Systemzwänge deuten.

Es scheint richtig, daß eine ausschließliche Beschränkung der Sozialwissenschaften auf eine dieser beiden idealtypisch (in begrifflich reiner Ausprägung) einander gegenübergestellten Ansätze die soziale Wirklichkeit prinzipiell nicht treffen kann, verzerrt darstellen muß. Beide Ansätze sind aber jeweils entsprechend der besonderen Teilziele von Untersuchungen, in denen sie verwendet werden, nicht nur miteinander verträglich, sondern können sich, ja, müssen sich ergänzen, wenn man eine Einseitigkeit der Untersuchung vermeiden will. Für die ganze Sozialwissenschaft gilt dies natürlich um so mehr, als in ihrer Gesamtheit die Beschränkung auf Teilansichten – etwa durch die wechselseitige Ergänzung verschiedenartiger Ansätze – vermieden wird oder zumindest vermieden werden sollte. Jede künstliche Selbstbeschränkung eines Ansatzes auf einen dieser beiden Typen wird mit einer gewissen »Blindheit« in der anderen Richtung erkauft. Dieser Blindheit sollte man durch Einsicht, durch Vielschichtigkeit und Vielfalt der Ansätze begegnen. Die Gegentypen werden dann freilich zu verschiedenen Aspekten, die einander ergänzen und sich in der übergreifenden Theorie vereinigen lassen.

Galtung meinte, beide Ansätze seien zueinander komplementär, die Strukturanalyse schließe den Handlungsaspekt notwendig aus und umgekehrt – man könne nur entweder Struktursoziologe oder Handlungswissenschaftler sein. Doch diese Behauptung scheint voreingenommen, kurzschlüssig. Es können tatsächlich Methoden gefunden werden – und um der Wirklichkeitstreue der Sozialwissenschaften willen müssen sie entwickelt werden –, die beide Aspekte miteinander verbinden oder gar vereinigen. Übrigens dürften manche Ansätze der sogenannten strukturell-funktionalen Soziologie mit ihrer Übereinanderschichtung verschiedener Systemarten, nämlich der Handlungs- und Wertsysteme (z. B. dem Personen-, Sozial- und Kultursystem bei Parsons), bereits auf eine solche theoretische Vereinigung hindeuten, insbesondere wenn man (wie Merton) die Gesichtspunkte dynamischer sozialer Wandlungen und Konflikte in die ursprünglich zu sehr einem sozialen Harmoniedenken verpflichteten strukturell-funktionalen Entwürfe hineinnimmt. (Auf die wissenschaftstheoretische Kritik, sowohl gegenüber dem Gleichgewichtsdenken und der Festlegung von Überlebensbedingungen beim Funktionalismus als auch gegenüber der Parsonsschen Einteilungsmanie – er ersetzt zu sehr Gesetze mit Erfahrungsgehalt durch Klassifikation und Typologie –, kann an dieser Stelle nicht näher eingegangen werden.)

Der Strukturbegriff wird von vielen Sozialwissenschaftlern noch in mehrdeutiger oder zumindest unbestimmter Weise verwendet; dies führt häufig zu Fehldeutungen, Mißverständnissen oder Unklarheiten. Oft wird unter Struktur das Geflecht besonderer sozialer Regelungen innerhalb von Institutionen verstanden, Normen und soziale Kontrollen eingeschlossen. Darüber hinaus versteht man unter Struktur häufig auch die idealisierten und (re)konstruierten Teilzüge des vom Sozialwissenschaftler entworfenen Modells. Schließlich wird unter Struktur manchmal das »Bild«, die Vorstellung verstanden, die sich Mitglieder sozialer Systeme oder Organisationen von diesen bilden und ihren Entscheidungen und Handlungen zugrunde legen. Oft ist nicht klar, ob und wie diese verschiedenen Begriffe von Struktur in einer Untersuchung überhaupt hinreichend unterschieden werden. Manchmal geht die Struktur der sozialwissenschaftlichen Theorie selbst noch als ein weiterer Abkömmling dieser mißverstandenen Begriffsbildung in die Untersuchung ein, wodurch die Gefahr von Unklarheiten und Mehrdeutigkeiten erhöht wird. »Strukturzwänge«, die kritische Soziologen besonders vermerken, wurden dementsprechend oft mehrdeutig interpretiert als wirkliche Machtabhängigkeiten, Abhängigkeiten von sozialen oder physischen Bedingungen oder als strukturelle Folge sozialer Spielregeln oder verbreiteter Deutungsmuster. Sie wurden manchmal sogar mit Modellbedingungen sozialwissenschaftlicher Experimente oder der theoretischen Vorentwürfe für Testfragen verwechselt. Die Schwierigkeit für den Sozialwissenschaftler besteht manchmal darin, daß er genau die entsprechende Strukturbeschreibung für sein wissenschaftliches Modell entwickeln und anwenden will, die der durch soziale Regelung geleisteten »Strukturierung« der sozialen Wirklichkeit selbst zugrunde zu liegen scheint. Eine Beschreibung enthält aber immer ein theoretisches Modell, sei sie nun wissenschaftlich oder von den Mitgliedern der beobachteten Systeme als ihre Vorstellung von diesem System selbst gebildet und gespeichert. Es scheint schwierig zu sein, die verschiedenen Deutungen des Strukturbegriffs sauber auseinanderzuhalten.

Hat die soziale Struktur – man denke etwa an das parlamentarische Gesetzgebungssystem – eine von der Deutung der Teilnehmenden und der Deutung des Politikwissenschaftlers unabhängige eigene Existenz (dies wäre ein holistischer Standpunkt)? Oder kann eine solche Struktur nur als eine mittelbare »Verbildlichung« der Handelnden selbst (und entsprechend der Wissenschaftler) verstanden werden? Die Regeln sind jedoch unabhängig von dem einzelnen teilnehmenden Handelnden festgelegt, strukturieren sozusagen erst die soziale Wirklichkeit. Die Unterscheidung zwischen den verschiedenen Bedeutungen des Strukturbegriffes ist sicherlich nicht einfach. Man kann aber durch eine saubere Begriffsabgrenzung durchaus Mißverständnisse und Deutungsfehler vermeiden. So wäre es z. B. sinnvoll, etwa den Ausdruck »Struktur des Modells« oder »Soziales System« auf die idealisierte Nachkonstruktion zu beziehen, während man die in der Wirklichkeit vorkommenden Handlungsverkettungen etwa mit dem Ausdruck »Handlungsgefüge« bezeichnen könnte. Handlungsgefüge wären dann sozialwissenschaftlich allerdings nur unter der Verwendung von Modellstrukturen erfaßbar. Von beiden wiederum zu unterscheiden wären die Vorstellungen und Leitbilder, die sich die Teilnehmer selbst von dem jeweiligen Handlungs- und Regelgefüge machen. Diese Strukturvorstellungen gehen wiederum als von den beiden anderen verschiedene Elemente in die zu erfassende Gesamtsituation ein und sollten deshalb wiederum mit einem anderen Ausdruck bezeichnet werden, etwa mit »Bild des Handlungsgefüges«, »Strukturvorstellung« oder »-image«. – Wäh-

rend sich die zuerst genannte Strukturbildung des Sozialwissenschaftlers durchaus einer technisch-wissenschaftlichen Fachsprache
bedienen kann, wird sich die Beschreibung der Vorstellungen vom
Handlungsgefüge durch die Beteiligten stets nahe an umgangssprachliche Abgrenzungsmuster anschließen müssen. Soweit der
Sozialwissenschaftler solche geglaubten Leitbilder untersuchen und
berücksichtigen will – und in gewisser Weise muß er dies stets –,
ist eine Sozialwissenschaft durchaus auch an umgangssprachliche
Unterscheidungen rückgebunden, die gleichsam als Daten in die
Beschreibung eingehen. Auf der Ebene der Materialerfassung
kann der Wissenschaftler nur wenig hiervon abweichen, will er
keine Verzerrung der Untersuchung in Kauf nehmen. Der Mensch
als regelfolgendes und regelanwendendes Wesen richtet sich selbst
an Leitvorstellungen über solche Regeln und an Bedeutungen aus,
die eine Handlungssituation für ihn erst – wenn auch in sozialer
und kultureller Ausprägung – strukturieren. Dieser Umstand bindet die Sozialwissenschaften mehr als etwa die Naturwissenschaften an sozio-kulturelle Erklärungsgrundlagen, an Quasi-
Erklärungen und an Bedeutungszuordnungen. Andererseits benutzt natürlich auch der Sozialwissenschaftler Begriffe, Gesetze
oder sogar trendmäßige Verallgemeinerungen aus Erfahrungs-
daten in einem theoretischen Zusammenhang, der nur durch
fachsprachliche Begriffsbildungen des Wissenschaftlers entwickelt
werden kann.

An diesem kleinen Exkurs über Strukturbegriffe ist deutlich geworden, daß auch ein Sozialwissenschaftler, der besonders an der Beschreibung und theoretischen Deutung
von Handlungen interessiert ist, nicht auf Strukturbegriffe
verzichten kann; denn Handlungen werden innerhalb sozialer Handlungsgefüge ausgeführt, geprägt, angeregt und
kontrolliert, und Handlungen werden an Zustands- sowie
Strukturvorstellungen ausgerichtet. Umgekehrt kann man
das Zustandekommen vieler sozialer Gruppen – etwa im
Kleingruppenbereich – und ihre Strukturen nicht ohne eine
Untersuchung von Handlungen, sogar von Handlungen
einzelner, zureichend untersuchen.

Handlungs- und Strukturaspekt – soviel dürfte deutlich
geworden sein – ergänzen sich in unverzichtbarer Weise,

zumal wenn es um eine umfassende Beschreibung oder
Deutung von Entstehung und Ablauf sozialen Lebens geht.
Im Einzelfall mögen Akzente gesetzt werden: Bei makrosoziologischen und organisationssoziologischen Untersuchungen wird zweifellos der Strukturaspekt im Vorder-
grund stehen, bei manchen – etwa bei sozialpsychologischen – Fragestellungen wird der Handlungsaspekt über-
wiegen. Der jeweils andere Aspekt spielt aber unvermeidlich hinein: Dies läßt sich bei politikgeschichtlichen Untersuchungen ebenso zeigen wie bei Problemen der Unter-
nehmensführung oder bei der Analyse von Ehekonflikten.
Die soziologische Rollentheorie ist ein treffliches Mittel,
um die unerläßliche Verbindung von Struktur- und Handlungsaspekt in der Sozialwissenschaft zu illustrieren. Rollen
sind immer in Sozialstrukturen gebildet und lassen sich nur
als Teil sozialer Systeme beschreiben, zugleich erfordern
sie rollenangemessenes oder von der Rolle abweichendes
Handeln – ein Handeln, das sich nur unter Bezug auf die
Rollenerwartung (also einen Strukturbegriff) als Handeln
erfassen läßt. Weit davon entfernt, unvereinbar zu sein,
ergänzen sich Handlungs- und Strukturansätze in der
Sozialwissenschaft.

Zusammenfassende Schlußbemerkungen

Wenn man die Diskussion um die philosophischen Grundlagenprobleme der Sozialwissenschaften überblickt, so kann
nur eine verhältnismäßig liberale Wissenschaftsauffassung
dem derzeitigen Stand, den Entwicklungsmöglichkeiten und
der Methodenvielfalt der Sozialwissenschaften gerecht werden. Angemessen dürfte ein »mittlerer Wissenschaftsbegriff«
zwischen den extremen Anforderungen exakter Formalisierung und der Beschreibungs- und Ansatzvielfalt der bislang entwickelten Sozialwissenschaft sein.
Sozialwissenschaft ist nicht im Sinne des Neupositivismus

auf ein Geflecht von Beobachtungsaussagen und gehalt-
leeren logischen Gesetzen oder Bedeutungspostulaten einzuschränken, sie ist eine Wissenschaft mit empirischem
Gehalt, die aber theoretische Begriffe benutzt – eine Wissenschaft, die unter Verwendung sozio-kultureller Begriffe
Erklärungen und Quasi-Erklärungen vornimmt sowie Voraussagen erstellt. Sie verwendet allgemeine sozialwissenschaftliche Gesetze ebenso wie auf bestimmte Geltungsberei-
che, Epochen oder durch Individuennamen zu beschreibende
historische Phänomene eingegrenzte Quasi-Gesetze sowie
empirische Verallgemeinerungen und bloße Trendanalysen.
Entsprechend hat man von der allgemeinen theoretischen
Sozialwissenschaft bis hin zur angewandten eine Stufung
abnehmender Exaktheit, aber oft zunehmender Detailliert-
heit anzunehmen. Für die Methoden der Voraussagen, insbesondere für die unorthodoxen wie die Simulierung, Ex-
pertenbefragungstechniken usw. gilt entsprechendes. Soweit
Sozialwissenschaftler bewerten, vorschreiben oder planend
entscheiden oder kritisierend urteilen, betreiben sie Sozial-
philosophie, -planung oder *-politik.* Die Sozialwissenschaften
sind weder auf Behaviorismus noch auf den Operationalismus einzuschränken, weil sie in der Praxis stets theoretische
Begriffe verwenden. Da sie sozio-kulturelle Begriffe benutzen, kann man sie, wenn man sie nicht auf einen völlig
uninteressanten Torso zusammenstreichen will, weder im
Sinne des Psychologismus auf rein psychologische Gesetzmäßigkeiten noch nach dem Vorbild eines methodologischen
Individualismus auf die Beschreibung lediglich rein individueller Phänomene einschränken. Dies bedeutet andererseits nicht, daß sie »holistisch« oder »historizistisch« eine
besondere »Seinsweise« von Gruppen- oder Weltgeistern
oder eine Gesetzesdetermination des Geschichtsablaufs behaupten müßten. Darüber hinaus sollten sich der Hand-
lungs- und der Strukturaspekt in den Sozialwissenschaften
fruchtbar ergänzen. Übberstiegene Einseitigkeiten sind im
Interesse der Weiterentwicklung und Vielfalt der Wissen-

schaft zu vermeiden. Das Problem der Wertungen und der Wertfreiheit der Sozialwissenschaften kann durch eine klare Sprachregelung, durch genauere Begriffe und durch eine Unterscheidung von wissenschaftstheoretisch-philosophischen und empirischen Satzgefügen gelöst, zumindest entschärft werden.

Anmerkung

1 Albert (1968) S. 65.

Literatur

Abel, T.: The Foundation of Sociological Theory. New York 1970.

Adorno, T. W. / Albert, H. / Dahrendorf, R. / Habermas, J. / Pilot, H. / Popper, K. R.: Der Positivismusstreit in der deutschen Soziologie. Neuwied/Berlin 1971.

Albert, H. (Hrsg.): Theorie und Realität. Tübingen ²1972.

Albert, H.: Traktat über kritische Vernunft. Tübingen 1968.

Apel, K.-O.: Szientismus oder transzendentale Hermeneutik? In: Bubner, R. / Cramer, C. / Wiehl, R. (Hrsg.): Hermeneutik und Dialektik. Bd. 1. Tübingen 1970. S. 105–145.

Becker, H.: Soziologie als Wissenschaft vom sozialen Handeln. Würzburg [o. J.].

Blau, P. M.: Comment [zu Homans, G. C.: The relevance of psychology to the explanation of social phenomena]. In: Borger/Cioffi (1970) S. 329–339.

Borger, R. / Cioffi, F. (Hrsg.): Explanation in the Behavioural Sciences. Cambridge 1970.

Braybrooke, D. (Hrsg.): Philosophical Problems of the Social Sciences. New York / London 1965.

Brodbeck, M. (Hrsg.): Readings in the Philosophy of the Social Sciences. New York / London 1968.

Emmet, D. / McIntyre, A. (Hrsg.): Sociological Theory and Philosophical Analysis. New York 1970.

Goldstein, L. J.: The inadequacy of the principle of methodological individualism. In: The Journal of Philosophy 53 (1956) S. 801–813.

Goldstein, L. J.: The two theses of methodological individualism. In: The British Journal for the Philosophy of Science 9 (1958) S. 1–11.

Habermas, J.: Zur Logik der Sozialwissenschaften. In: Philosophische Rundschau. Beiheft Nr. 5 (1967).

Hayek, F. A. von: Individualism and Economic Order. Chicago 1948.

Hayek, F. A. von: The Counter-revolution of Science. Glencoe (Ill.) 1952.

Helmer, O. / Rescher, N.: Exact vs. inexact sciences: A more instructive dichotomy? In: Krimerman (1969) S. 181–203.

Homans, G. C.: The relevance of psychology to the explanation of social phenomena. In: Borger/Cioffi (1970) S. 313–328; S. 340–343.

Krimerman, L. I.: The individual: product or maker of society? In: Krimerman (1969) S. 587–602.

Krimerman, L. I. (Hrsg.): The Nature and Scope of Social Science. New York 1969.

Lenk, H.: Erklärung – Prognose – Planung. Freiburg 1972.

Lenk, H. (Hrsg.): Technokratie als Ideologie. Stuttgart/Berlin/Köln/Mainz 1973.

Lenk, H. / Lüschen, G.: Epistemological problems and the personality and social system in social psychology. In: Theory and Decision 6 (1975) S. 333–355.

Lenk, H.: Epistemologische Probleme der Soziologie. Zum »Wissenschaftsbegriff« der Soziologie. In: Studia leibnitiana. Sonderheft 5: Der Wissenschaftsbegriff in der Natur- und in den Geisteswissenschaften (1975) S. 121–144. (Auch unter dem Titel: Wissenschaftstheoretische Fragen der Soziologie in: Lenk, H.: Pragmatische Philosophie. Hamburg 1975. S. 184–210.)

Lenk, H.: Interdisziplinäre Aspekte von Handlungstheorien. Philosophische, verhaltenswissenschaftliche und soziologische Handlungsanalysen. In: Lenk, H.: Pragmatische Philosophie. Hamburg 1975. S. 87–144.

Lenk, H.: Pragmatische Philosophie. Hamburg 1975.

Lenk, H. (Hrsg.): Handlungstheorien interdisziplinär. 4 Bde. München 1977 ff.

Lenk, H.: Struktur- und Verhaltensaspekte in Theorien sozialen Verhaltens. In: Lenk, H. (Hrsg.): Handlungstheorien interdisziplinär. Bd. 4: Sozialwissenschaftliche Handlungstheorien und spezielle systemwissenschaftliche Ansätze. München 1977. S. 157–176.

Lenk, H.: Der methodologische Individualismus ist (nur?) ein heuristisches Postulat. In: Eichner, K. / Habermehl, W. (Hrsg.): Probleme der Erklärung sozialen Verhaltens. Meisenheim 1977. S. 34–45.

Lenk, H.: Philosophische und wissenschaftstheoretische Grundlagenprobleme der Sozialwissenschaften. In: Engfer, H.-J. (Hrsg.): Philosophische Aspekte schulischer Fächer und pädagogischer Praxis. München 1978. S. 90–113.

Lorenzen, P.: Szientismus versus Dialektik. In: Bubner, R. / Cramer, C. / Wiehl, R. (Hrsg.): Hermeneutik und Dialektik. Bd. 1. Tübingen 1970. S. 57–72.

Mandelbaum, M.: Societal facts. In: The British Journal of Sociology 6 (1955) S. 305–317.

Mandelbaum, M.: Societal laws. In: The British Journal for the Philosophy of Science 8 (1957) S. 211–224.

Merton, R. K.: Social Theory and Social Structure. Glencoe (Ill.) [3]1957.

Opp, K.-D.: Methodologie der Sozialwissenschaften. Reinbek [2]1976.

Opp, K.-D.: Verhaltenstheoretische Soziologie. Eine neue soziologische Forschungsrichtung. Reinbek 1972.

Parsons, T. / Shils, E. A. (Hrsg.): Toward a General Theory of Action. Cambridge (Mass.) 1951.

Pawlowski, T.: Methodologische Probleme in den Geistes- und Sozialwissenschaften. Warschau 1975.

Popper, K. R.: Das Elend des Historizismus. Tübingen [2]1969.

Rudner, R. S.: Philosophy of Social Science. Englewood Cliffs 1966.

Ryan, A.: The Philosophy of the Social Sciences. London [usw.] 1970.

Sher, G.: Causal explanation and the vocabulary of action. In: Mind 82 (1973) S. 22–30.

Skinner, B. F.: Wissenschaft und menschliches Verhalten (Science and Human Behavior). München 1973. [Orig.-Ausg. 1953.]

Skinner, B. F.: About Behaviorism. New York 1974.

Watkins, J. W. N.: Ideal types and historical explanation. [Ausgearbeitete Fassung eines ursprünglich in The British Journal for the Philosophy of Science 3 (1952) erschienenen Aufsatzes.]

In: Feigl, H. / Brodbeck, M. (Hrsg.): Readings in the Philosophy of Science. New York 1953. S. 723–743.

Watkins, J. W. N.: Historical explanation in the social sciences. In: The British Journal for the Philosophy of Science 8 (1957) S. 104–117.

Watkins, J. W. N.: The alleged inadequacy of methodological individualism. In: The Journal of Philosophy 55 (1958) S. 390 bis 395.

Erfolg und Grenzen der Mathematisierung

Erfolge der Mathematisierung, Begrenzung der Mathematisierbarkeit, Leistungsfähigkeit und Grenzen der Mathematik in Anwendungen und in der Erfassung ihres eigenen Gegenstandes bestimmen sich je danach, wie man die Begriffe ›Mathematisierung‹, ›Mathematisierbarkeit‹, ›Formalisierung‹, ›Formalisierbarkeit‹ usw. versteht. Die bloße Symbolisierung von Termen in Aussagen, die Einführung von Individuen- oder Prädikatvariablen (evtl. mehrstelligen) ist ebensowenig schon als Mathematisierung aufzufassen wie die Feststellung eines funktionalen Zusammenhanges oder der Existenz einer besonderen Abbildung, obwohl zumindest die erstgenannten Punkte wohl notwendige Bedingungen einer »Mathematisierung« komplexer Zusammenhänge darstellen dürften. Auch die bloße Quantifizierung oder Metrisierung eines Begriffs, z. B. eines physikalischen Begriffs wie der Wärme, kann kaum schon als »Mathematisierung« bezeichnet werden, wenn darunter nur die zahlenmäßige Darstellung eines Resultats oder die Einführung eines – etwa physikalischen – Meßverfahrens verstanden wird. Es kommt auf die dabei unterstellten und damit aufzubauenden (auszudrückenden) funktionalen und strukturellen, allgemeinen formalen und theoretischen Zusammenhänge an. Die Mathematik als Wissenschaft von den formalen Strukturen allgemein (d. h. unabhängig von speziellen bloß deskriptiven Individuennamenzuordnungen) kann der Mathematisierung von Erfahrungsbereichen eben nur im Sinne der Formalisierung, d. h. der mit allgemeinen Strukturbegriffen ausdrückbaren Erfassung formaler Zusammenhänge, dienen. »Mathematisierung ist im allgemeinen mehr als bloße Quantifizierung«,[1] mehr auch als bloße Symbolisierung und Variableneinführung, sondern wesentlich Formalstrukturalisierung. Formale Strukturalisierung im Sinne der Strukturerfassung und Strukturbildung setzt für jegliche Bezogenheit auf Anwendungen wenigstens eine deskriptive, meist aber auch eine hypothesenbildende Theorie der formal-strukturell zu analysierenden Zusammenhänge voraus. Vielfach mag dabei die formale Strukturalisierung erst das Gerüst zur Bildung des theoretisch-inhaltlichen Zusammenhanges abgeben: Die inhaltlichen Gesetzesverbindungen etwa werden in einem interpretierten Kalkül dargestellt, ein formaler Kalkül wird auf die zunächst noch relativ unstrukturierte »Realität« angewendet; der inhaltliche Zusammenhang wird einem formalen Strukturzusammenhang zugeordnet und so durch ihn erst präzise erfaßbar. Dies wirft Fragen der Einführbarkeit komparativer oder metrischer Begriffe, der Zuordnung, Zuordnungsfähigkeit von mathematischen Operationen zu Meßverfahren,[2] der Interpretation von Variablen durch Größen und Strukturen, der Projektion und Projizierbarkeit von Strukturbegriffen, der Verbindung von formalen und deskriptiv-inhaltlichen Gehalten in einer Theorie sowie der methodologischen Kontrolle und Rechtfertigung auf.

Obwohl alle diese Fragen von wesentlichem Belang für die Erfolge und Grenzen der »Mathematisierung« eines Wissenschaftsgebietes sind, können sie hier nicht ausführlicher behandelt werden.

Betont werden soll hier statt dessen, daß von »Mathematisierung« erst sinnvoll gesprochen werden kann, wenn das Stadium der Formalisierung und insbesondere der Kalkülisierung eines darzustellenden Zusammenhanges erreicht ist; denn erst dann lassen sich rein formale Beziehungen nicht nur feststellen, sondern unabhängig vom jeweiligen Inhalt auf formale Weise erschließen. Erst beim Vorliegen einer syntaktisch-formalen Theorie von einer bestimmten logischen Komplexität (es darf sich etwa nicht nur um eine einzelne formalisierte Aussage ohne weitere Einbettung handeln) kann man in interessanter Weise syntaktisch-formal schließen. Selbst ein Axiomen(schema)system, das aus einem einzigen Axiom(enschema) besteht, bedarf mindestens einer Schlußregel, damit in (mit) ihm formal operiert werden kann.

Mit der Gewinnung eines Kalküls, einer syntaktischen »Herstellungsvorschrift für Figuren«,[3] und mit der Kalkülisierung eines (Aussagen-)Bereiches ist noch nicht eine formale Theorie – z. B. im Sinne eines logisch-mathematischen Aussagensystems – erreicht. Ein mathematisch-logischer Kalkül ist darüber hinaus gekennzeichnet durch Allgemeingültigkeit, logische Wahrheit – etwa als »Allgemeinzulässigkeit« gedeutet.[4] Logische und mathematische formale Aussagensysteme zeichnen sich dadurch aus, daß ihre Regeln zu jedem beliebigen Kalkül mit entsprechenden Grundzeichen hinzugenommen werden können (wenigstens im Sinne der relativen Zulässigkeit für jeden Kalkül),[5] ohne daß sich strikt genommen eine neue Figurenkombination ableiten läßt, die nicht im Prinzip schon ohne die Hinzufügung herleitbar wäre. (Auf andere Kennzeichnungen und Begründungen der logisch-mathematischen Wahrheiten sei hier aus Raumgründen verzichtet.)

Die *Logifizierung*, die den Nachweis der logischen Allgemeingültigkeit umfaßt, muß also über die bloße Kalkülisierung und Formalisierung im weiteren Sinn hinaus hinzukommen, damit eine *mathematische* Theorie, ein *Logik*kalkül o. ä. entsteht. Symbolisierung, Variableneinführung, Strukturalisierung, Formalisierung, Kalkülisierung und Theoretisierung sind noch keine hinreichende Kennzeichnung der *vollständigen* Mathematisierung eines Bereiches, sondern erst die Logifizierung in skizzierten Sinne erlaubt die Entwicklung und Anwendung einer allgemeingültigen logisch-mathematischen Formaltheorie. Freilich entsteht hier scheinbar eine Unstimmigkeit. Die Mathematisierung in diesem striktesten Sinne ist eben mathematisch-logischen Aussagesystemen selbst vorbehalten. In diesem strengsten Sinne können nur idealwissenschaftliche formale (fiktionalisierte) Bereiche »mathematisiert« werden. Die in eben diesem strengen Sinne mathematisierten Theorien selbst weisen immer nur logische oder mathematische Wahrheit auf. (Solche Theorien sind eher menschengemachte formale Instrumente als Beschreibungen eines idealen Seinsbereiches – jedenfalls nach den Deutungen nichtplatonistischer Ansätze.) Sie können daher nicht schon die Gesamtstruktur einer erfahrungswissenschaftlichen Theorie darstellen; denn sie haben keinen empirischen Gehalt. Erst nach Interpretation der Symbole durch Zuordnung von Meßgrößen oder theoretischen oder Beobachtungsbegriffen kann die logisch-mathematische Theorie zur Anwendung kommen. Sie spielt also in gewissem Sinne eine zwar notwendige, aber lediglich instrumentale Rolle, oder sie stellt nur ein unvollständiges formales Teilgerüst einer Theorie dar – selbst und gerade auch, wenn sie als der entscheidende »Strukturkern« einer – etwa physikalischen (Sneed) – Theorie fungiert.

Die »Mathematisierung« einer empirisch-wissenschaftlichen Theorie besteht also in Teillogifizierungen in zweierlei Sinn:

a) kann eine mathematisch-logische Formaltheorie den formalen Strukturkern einer zu axiomatisierenden erfahrungswissenschaftlichen Theorie darstellen;

b) kann sie in Gestalt logischer Regeln und mathematischer Ableitungen Anwendung bei den formalen Schlüssen innerhalb einer Theorie finden; d. h., strikt verstanden sind jeweils ein Logikkalkül und ein hinreichend ausdrucksstarkes mathematisches Axiomen(schemata)system samt ihren logischen Schlußregeln den axiomatisierten erfahrungswissenschaftlichen Theorien hinzuzufügen oder als adjungiert zu denken.

Strenggenommen führt die so verstandene »Mathematisierung« einer erfahrungswissenschaftlichen Theorie also keineswegs zur Auflösung der Theorie oder ihrer Komponenten in Mathematik, sondern mathematische Theorien stellen nur die Formen dar, in der Gesetze, Zusammenhänge und Größen sowie Strukturbegriffe dargestellt werden. Mathematische Ausdrucksformen stellen sozusagen nur die (formale) Sprache bereit, in der sich Zusammenhänge der Theorie formal fassen lassen. Ohne Deutung der deskriptiven Symbole handelt es sich gar nicht um eine empirisch gehaltvolle Theorie. Ein bloßer Kalkül, ein rein syntaktisch-formales Symbol- oder »Aussagen«-System ist keine erfahrungswissenschaftliche Theorie. Erst nach Interpretationen und Zuordnungen von Meßverfahren, Größen, Begriffsbedeutungen usw. wird ein Kalkül zu einer formalisierten axiomatischen Theorie. *Die Mathematisierung einer empirisch-wissenschaftlichen Theorie kann stets nur eine Teilmathematisierung sein.* Sie löst die Theorie nie vollständig in formale logisch-mathematisch-syntaktische Elemente auf. (Auch bei Sneeds (1971) Auffassung der physikalischen Theorien als Paaren von Strukturkernen und intendierten Anwendungen spielen inhaltliche Deutungen – Zuordnungen zu interpretierten Anwendungsbereichen, -mengen, -entitäten – eine entscheidende Rolle; sogar im Strukturkern selbst finden sich inhaltlich abzugrenzende potentielle und partielle potentielle Modelle sowie Funktionen zur Unterscheidung von theoretischen und nichttheoretischen Funktionen (»Restriktionsfunktionen«); wenn gar erst über die Bewährung von, das Verfügen über Theorien usw. gesprochen wird, werden sogar notwendig pragmatische Begriffe verwendet.[6])

Die totale Mathematisierung (Formalisierung) einer wissenschaftlichen Theorie beraubte diese ihres wesentlichen empirischen und Bedeutungsgehalts (wenn man vom rein strukturellen Bedeutungsgehalt absieht), sie zeigte nur noch »Form, aber keinen Gehalt«.[7] (Es muß aber nicht nur, wie Brodbeck[8] meint, zwischen einer »quantifizierten empirischen Theorie«, den verwendeten »analytischen oder tautologischen Wahrheiten über Zahlen« und der vollständigen »Formalisierung« einer Theorie sauber unterschieden werden, sondern zwischen allen oben genannten Stufen der Mathematisierung.)

Der Erfolg der mathematisierten – in diesem Sinne *teil-*

mathematisierten – Naturwissenschaft ist offensichtlich, wohl aber bedarf er einer philosophischen Erklärung oder Begründung. Wenn Einstein (1921) und Kraft (1970) vom »Passen« der Mathematik auf die Wirklichkeit bzw. vom »Gelten« in der Wirklichkeit, von »empirischer Geltung der Mathematik«[9] als einem Rätsel oder Problem sprechen, so liegt diesen Feststellungen aufgrund des zuvor Entwickelten noch eine zu ungenaue Formulierung zugrunde: Es kann gar nicht die Mathematik an sich oder als solche auf die Wirklichkeit »passen« oder gar »in« ihr »gelten«; denn eine mathematische Theorie ist oder ersetzt keine erfahrungswissenschaftliche Theorie.

Sie spielt, wie erwähnt, nur die zwar wesentliche Rolle des formalen Gerüsts und syntaktischen Ausdrucksinstruments, stellt den rein formalen Teil einer axiomatisierten Theorie dar. Sie bedarf notwendig der Ergänzung durch zugeordnete intendierte Anwendungen, potentielle Modelle, der Interpretation der Symbole durch Größen, Meßverfahren usw. Sie ist gleichsam die syntaktische Sprache, die unerläßliche »Grammatik« der Theorie, nicht deren Inhalt. Dennoch prägt sie wie eine Sprache die Struktur, in der sich der Inhalt präsentiert. Der strukturelle Bedeutungsgehalt der Theorie – in Gestalt etwa der Strukturbedeutung der theoretischen Begriffe und der Gesetze(szusammenhänge) – ist nicht unwesentlich.

Die Frage nach dem Erfolg der Mathematisierung, nach ihrer Durchführbarkeit überhaupt stellt sich in der präzisierten Form von neuem: Weshalb lassen sich im erwähnten Sinne (teil)mathematisierte Theorien derart erfolgreich für Erklärungen und Prognosen über Naturereignisse verwenden?

Kraft[10] vermutet, »es müssen [...] *sachliche* Beziehungen zwischen der apriorischen Mathematik und der Erfahrungswelt bestehen, damit die Anwendung jener in dieser möglich und verständlich wird«, und glaubt diese Beziehungen darin zu finden, daß die natürlichen Zahlen in bekannter

Weise vollständig den »Mengenarten« entsprechen und sich beide besonders vortrefflich zur Anwendung eignen, da in der Erfahrung eine Mehrheit von einzelnem »gegeben sein muß«[11] und *ist*. Entsprechende Bedingungen werden für die Anwendbarkeit der Grundrechnungsarten (es sind »Mengen empirischer Gegenstände [...], aus denen neue Mengen gebildet werden«[12]) und für die erweiterten Zahlen gegeben. Auch die geometrischen Theorien gelten nach Kraft[13] »in der Erfahrung, sofern und weil den axiomatischen Beziehungen (und den dadurch definierten Grundbegriffen) empirische entsprechen«. Allerdings räumt Kraft[14] ein, die empirisch-räumlichen »Lagebeziehungen« allein reichten noch nicht hin, um die empirische Gültigkeit der Geometrie zu bestimmen, dies hänge von den jeweiligen physikalischen Voraussetzungen und von »empirischen Zuordnungen« ab (nach Einstein 1921 im Anschluß an Poincaré und nach Reichenbach 1928). Wenn überhaupt Festsetzungen und Alternativen anerkannt sind, so ist einem *relativen* (keinem strikten) Konventionalismus aber bereits das entscheidende Zugeständnis gemacht. (Kraft versucht erfolglos[15] durch Hinweis darauf, daß Naturgesetze »durch die Erfahrung eindeutig bestimmt« seien und daß das Verbot von Ad-hoc-Annahmen »eine unerläßliche Bedingung für eine objektiv gültige Naturerkenntnis sei«, jeglichen Konventionalismus zu widerlegen. Doch wenn Ad-hoc-Annahmen ausgeschlossen werden, können immer noch unterschiedliche theoretische Alternativen, die jeweils keinen Ad-hoc-Charakter aufweisen, übrigbleiben. (Es gibt auch Stufen der »Ad-hoc-heit«; Lakatos 1963/64.) Wenn überhaupt von »gewählten Gesetzen« und ihrer allmählichen Harmonisierung mit Hilfsannahmen und Wiederholungstests gesprochen wird, kann die *eindeutige* Bestimmtheit der Naturgesetze durch die Erfahrung nicht mehr behauptet werden.) Der empirische Gehalt von alternativen Theorien kann dabei durchaus gewahrt sein, aber wegen der notwendig eingehenden Festsetzungen erst auf der nächsthöheren Metastufe aufscheinen. Erst metasprachliche Aussagen der Art: »Wenn Theorie $\mathfrak{A}$ angewendet wird, erhalten wir jene nach der Meßtheorie $\mathfrak{r}_1$ und der Beobachtungssprache (bzw. prätheoretischen Sprache nach Hempel) $\mathfrak{r}_2$ ausdrückbare Voraussage e«, sind dann wirklich *empirisch*. Ein entsprechender Satz mit der Theorie $\mathfrak{B}$, der Meßtheorie $\mathfrak{d}_1$, der Beobachtungssprache $\mathfrak{d}_2$ und dem Ereignis f könnte aber den gleichen empirischen Gehalt ausdrücken. (In zwei Sprachen läßt sich letztlich – trotz ungleicher Formulierung – dasselbe aussagen.) Totaler Empirismus (Realismus) und totaler Konventionalismus sind keine alle Möglichkeiten ausschöpfenden Alternativen. Ein *relativer* Konventionalismus der Festsetzungen ist mit einem *relativen* Empirismus durchaus vereinbar. (Doch diese allgemein erkenntnis- und wissenschaftstheoretischen Fragen stehen hier nicht des weiteren zur Debatte.) Mit Krafts Widerlegung des Konventionalismus scheitert aber auch seine spezielle platonistische und kritisch-realistische Begründung für den empirischen Geltungserfolg der Mathematik. (Es könnte freilich andere Begründungen hierfür auf platonistischer Basis geben.)

Es soll noch eine andere These zur Begründung des Erfolgs der Mathematisierung kurz besprochen werden, die dem konventionalistischen Konzeptualismus in Gestalt eines Konstruktivismus entgegenkommt, aber doch letztlich ähnliche platonistische Gesichtspunkte vertritt wie die eben besprochene Position.

Frey[16] meint, »der Zusammenhang von Erfahrungswirklichkeit und Zahl« werde »dadurch herbeigeführt, daß *wir konstruierend in die natürliche Erfahrungswirklichkeit eingreifen und diese dadurch gewissermaßen zu einer technischen Wirklichkeit machen*«. Und er leitet daraus die folgende Begründung für die erfolgreiche Anwendbarkeit der Mathematik auf die Erfahrungswirklichkeit, auf die Natur her: »Weil wir durch unser Operieren mit den Naturdingen konstruktiv in die Wirklichkeit eingreifen, prägen wir der Erfahrung bereits jene konstruktiven Formen auf. Und nur jene Erfahrungen, die eine konstruktive Form haben, lassen sich aber durch die Formen unseres konstruktiv-operativen Denkens darstellen.«[17]

Der grundsätzlich konstruktive und somit operative Charakter der Mathematik wird hier deutlich gesehen und gewissermaßen mit der alten, auf Hobbes, Vico und Dingler zurückgehenden These verbunden, daß wir alles das und nur das sicher erkennen und beherrschen – vielleicht auch verstehen – können, was wir selber hergestellt, konstruktiv erzeugt haben. Die Formen, die wir aktiv der Wirklichkeit in ihrer Erscheinungsvielfalt aufprägen, seien eben deshalb auch stets erfolgreich anwendbar. Frey meint,[18] dasselbe lasse sich auch so ausdrücken, »daß wir durch unsere experimentellen, d. h. eben konstruktiven, Methoden immer nur die mathematisch darstellbaren Beziehungen der Wirklichkeit erfassen können«. – Wieso aber läßt sich die Natur denn mathematisch-konstruktiv erfassen? Die Frage bleibt.

Die letzteren Formulierungen zeigen, daß auch hier eine platonistische (die wirkliche Existenz von Beziehungen annehmende) und realistische Position zugrunde liegt, daß also der Unterschied zur zuvor genannten Begründung nicht so groß ist, obwohl der aktivistische Konzeptualismus nun deutlicher hervorgehoben wird. Auch hier wird der Zusammenhang zwischen Mathematik und Erfahrungswelt zu unmittelbar gesehen, der »*ontologische Charakter der abstrakten Mathematik*«[19] durch anwendende Projektion erschlossen und der sprachliche Charakter und die diesbezügliche darstellerische Vermittlungseigenschaft mathematischer Konstrukte übersehen. Durch eine Sprache allein prägen wir nicht die Wirklichkeit *direkt*, obwohl wir die Formen, in der wir Wirklichkeit *erfassen*, durch sprachliche Instrumentarien (mit)prägen. Die Sprache und ein ihr analog entsprechendes Formalsystem sind zum großen Teil, aber nicht völlig beliebig wählbar – letzteres muß z. B. widerspruchsfrei sein. Die gedeutete Theorie übernimmt hinsichtlich ihrer Formenausstattung die relative Konventionalität, unterliegt aber noch weiteren Einschränkungen, etwa durch historische Traditionen der Theorienentwicklung, und besonders auch den Bedingungen der Überprüfung und Bewährung. Die »Bewährung« der mathematischen Sprache innerhalb einer gerade angewendeten Theorie kann nur indirekt – eben *zusammen* mit der inhaltlichen Bewährung der Gesamttheorie – rückerschlossen werden. Im Falle der Nichtbewährung kann man die spezielle formale mathematische Theorie durch eine andere ersetzen (etwa Riemann-Räume statt euklidischer in der Allgemeinen Relativitätstheorie) oder manchmal sogar zunächst auf präzise mathematische Formen verzichten – in der Hoffnung, diese würden später entwickelt (Dirac-»Funktion«, Distributionentheorie). Das Spektrum mathematischer Ausdrucksmöglichkeiten und der durch die historische Entwicklung der Mathematik bereitgestellten Strukturen ist so groß, daß eine echte Nichtbewährung *der* Mathematik generell gar nicht in Frage kommt: Man wechselt eben zu einer anderen bereitliegenden Struktur, um diese anzuwenden. Die Poincarésche Einsicht, daß inhaltliche Theorie und mathematische Struktur stets im engen Zusammenhang und gemeinsam verwendet, getestet und variiert werden (letzteres bei den mathematischen Konstrukten, wie erwähnt, etwa durch den Übergang zu einer alternativen Form), bleibt von diesen Bedingungen der Modellverfügbarkeit unberührt.

Die Frage, warum *die* Mathematik sich in der Anwendung auf die Wirklichkeit bewährt, läßt sich also so pauschal – unabhängig von der Rolle inhaltlicher Theorien und spezieller formaler Konstrukte – gar nicht stellen und beantworten, es sei denn, man trivialisiere Frage und Antwort, indem man feststellt: Es gibt derart viele mathematische Formen, daß deren Spektrum eine so große Ausdrucksvielfalt und so viele Auswahlmöglichkeiten zuläßt, daß mit an Sicherheit grenzender Wahrscheinlichkeit wenigstens eines unter den Modellen für ein irgendwie strukturiertes oder strukturierbares Erkenntnisproblem zutreffen wird. Die Frage müßte also eher lauten, *warum* fast stets irgendeine der formalen Strukturen aus dem weiten Bereich der mathematischen Konstrukte paßt. Diese Frage enthält aber, wie angedeutet, schon die Richtung, in der die Antwort zu suchen ist. Da die Mathematik sich die Konstruktion/Erfassung aller formalen widerspruchsfreien Strukturen zur Aufgabe macht, wird angesichts ihrer relativ weitgeführten und verzweigten Entwicklung wahrscheinlich mindestens eine gut »passende« (= erfolgreich in Integration mit einer Theorie anwendbare) in dem riesigen Arsenal von Strukturen/Formaltheorien zu finden sein. Freilich sind die mathematischen Strukturen nicht von ungefähr entstanden, sondern im Zusammenhang mit ursprünglich alltäglichen, besonders dann aber wissenschaftlichen Theoretisierungs- und Strukturalisierungsversuchen; die bereitliegende Auswahl an Strukturen ist somit doch zumeist genetisch mitbestimmt – vom vorwissenschaftlichen Zählen bis hin zur vollständigen Übersicht über die Automorphismengruppen etwa des dreidimensionalen Raumes. Man wird hier wieder auf das verwiesen, was gelegentlich das aristotelische »subjektive« oder menschliche Fundament der Mathematik genannt wurde,[20] das aber letztlich eine pragmatische, wenn nicht pragmatistische, mit deren Genese zusammenhängende »Begründung« in der Auswahl der wichtigsten formalen Strukturbegriffe und deren Theorien erlaubt. Die erforderlichen Instrumente entwickeln sich in zeitlicher und logischer Abhängigkeit von den zu lösenden Lebens- und Erkenntnisproblemen (und zumindest für die letzteren auch umgekehrt). Das gilt etwa sowohl für die natürlichen Zahlen (jedenfalls soweit sie für das endliche Zählen verwendet werden) als auch für elementargeometrische Formen und ebenso für die Konstitution elementarmathematischer Gesetze/Theorien. Lorenzens Versuche zu einer pragmatischen Begründung der Mathematik[21] gewinnen hier ihre pragmatisch-philosophische Bedeutung.

Hier ist auch Piagets Theorie zu berücksichtigen, daß die logisch-mathematischen Strukturen gleichsam entwicklungsnotwendige, in einer »etappenweisen endogenen Entfaltung« aufgebaute Konstruktionen darstellen, die aufgrund von selbstregulierenden Prozessen und »reflektierenden Abstraktionen« die Einordnung früherer Handlungs- und Operationsformen in reicheren Strukturen höherer Stufen ermöglichen und somit eine recht abstrakte »Verlängerung« der »strukturierenden Aktivität« des Organismus und seiner Verhaltensformen bei seinem anpassenden (assimilativen wie akkomodativen) und integrierenden Austausch mit der Umwelt darstellen. Piaget meint, »die logisch-mathematischen Strukturen« seien »weder der Objekt-Erfahrung noch einer instinktmäßigen oder hereditären Übermittlung zu verdanken«, sondern würden »durch reflektierende Abstraktionen aus den allgemeinen Koordinationen des Verhaltens, aus den nervösen Koordinationen und so fort bis hin zu den allgemeinsten organisierenden Funktionsweisen des Lebens gewonnen«. Zusammenfassen, Einschachteln, Ordnen, Aneinanderreihen, das Herstellen von eindeutigen und eineindeutigen Entsprechungen genügen den abstraktionsfähigen allgemeinen Regeln, so daß eine formale vom speziellen Inhalt unabhängige Konstruktion möglich wird. Da experimentell-wissenschaftliche Erkenntnisse »nicht ohne einen logisch-mathematischen Rahmen und entsprechende Strukturierung« möglich sind, »ist die einfachste Erklärung für die Übereinstimmung zwischen diesen Rahmen und ihren Inhalten natürlich die, daß die Inhalte auf den Rahmen zurückwirken und daß so die zu erklärende Anpassung durch progressives Ausprobieren zustande kommt, mit anderen Worten, aufgrund einer Äquilibration zwischen der Assimilation der Inhalte an die Rahmen und der zu Differenzierungen führenden Akkomodation dieser Rahmen an die Inhalte«.[22] – Gerade wegen des Auseinanderbrechens der Instinktverhaltensregelungen beim Menschen ist dieser in seiner ständigen dynamischen interaktiven Auseinandersetzung mit der Umwelt darauf angewiesen, allgemein verwendbare, abstrakte Konstruktions- und Regelungsformen in ständiger dynamischer Anpassung exogener und endogener Faktoren beim Umgang mit Umweltobjekten zu entwickeln. Die logisch-mathematischen Formen sind nach Piaget also letztlich über jeden spezifischen Inhalt hinaus verallgemeinerte, strukturelle Abstraktionen aus Verhaltensformen beim erschließenden und strukturierenden Umgang des offenen organismischen Systems mit der Umwelt und ihren Objekten im dynamischen Austausch- und Erhaltungsprozeß, innerhalb dessen die Erkenntnis als konstruktiv-funktionelle Assimilation wirkt. Auch die abstraktesten formalen Theorien sind somit letztlich Instrumente der regulierenden praktischen Wechselwirkung des Organismus mit seiner Umwelt. Erkenntnisformen und Umwelt werden also durch stammesgeschichtliche und ontogenetische Entwicklung in ständiger Wechselwirkung durch regulierende Entfaltung konstruiert und einander angepaßt. So setzen auch die logisch-mathematischen Strukturen als Formen »kognitiver Funktionen« »die organischen Regulationen« und Verhaltensweisen fort und bilden auf abstrakter Ebene »ein differenziertes Organ zur Steuerung der Austauschprozesse mit der Außenwelt«.[23] Die konstruktiven Erkenntnisformen entfalten, begründen und bewähren sich so in der Interaktion des Organismus mit seiner Umwelt. Sie sind letztlich abstrakte konstruktive Interaktionsinstrumente. Das pragmatische Fundament der Mathematik und der erfolgreichen Mathematisierung der Erkenntnis wird hieran besonders deutlich. (Piaget setzt nur fälschlich die logisch-mathematische Notwendigkeit der inneren Konstruktion, also deduzierter Sätze, mit der erfahrungsunabhängigen Allgemeingültigkeit der Axiome gleich.[24])

Zusammenfassend läßt sich also zur Erklärung des Erfolges der Mathematisierung sagen: Mathematische Strukturen lassen sich nur in der Form von gedeuteten Theorien, nicht aber isoliert auf die Natur anwenden. Bewährung und Erfolg sind beiden Elementen erst *en bloc*, gemeinsam, in der Interpretation zuzuschreiben. Bei Nichtbewährung einer Kombination von mathematischem Konstrukt und Theorie wird eine alternative Kombination von mathematischem Modell oder/und theoretischen Hypothesen gewählt, wobei aus dem Arsenal der verschiedenartigsten mathematischen Konstrukte deshalb wahrscheinlich ein geeignetes zu finden ist, weil die Mathematik ihrer Zielsetzung nach eine Übersicht über alle (oder wenigstens alle wahrscheinlich einmal relevanten) formalen Strukturen anstrebt und daher ein möglichst weit streuendes Spektrum von Modellen erarbeitet, sammelt und verfügbar macht. Die Rolle der mathematischen Konstrukte in der Wissenschaft ist analog derjenigen der Sprache bzw. der grammatischen Strukturen im Alltagsleben, allerdings ist ihre Vielfalt, Verfügbarkeit und Anpassungsflexibilität erheblich größer. Das Spektrum der verfügbaren mathematischen Konstrukte war zunächst in allgemeiner genetischer Abhängigkeit von pragmatischen Erfordernissen entstanden, ist aber nicht ausschließlich davon prädeterminiert, selbst wenn auch heute noch neue mathematische Entwicklungen durch einzelwissenschaftliche Problemstellungen ausgelöst werden (z. B. Distributionentheorie, Spieltheorie, Automatentheorie). Die mathematischen Konstrukte sind nicht das Instrument, mit dem wir die Wirklichkeit erfassen und bearbeiten, sondern nur ein formal-struktureller *Teil* dieses Instruments (der wissenschaftlichen Theorie); nicht Mathematik allein »technisiert« die »Wirklichkeit« bereits. Trivialerweise stellen die mathematischen Konstrukte nur Strukturgehalte dar – und nur konstruktiv zu deutende Formen können mit ihrer Hilfe in einer übergreifenden interpretierten Theorie erfaßt werden. Die »Wirklichkeit« (wenigstens der Natur) muß also die Eigenschaft haben, daß eine erfolgreiche Anwendung konstruktiver Formen im Verein mit inhaltlichen Theorien von ihrer Erscheinungsvielfalt möglich ist. Diese kantisch klingende These liegt noch diesseits der Unterscheidung von kritischem Realismus und transzendentalem Idealismus, noch jenseits von einer wie immer homomorph verkürzten Abbildtheorie und einem konstruktivistischen Konzeptualismus. Das gilt auch für ihre notwendigen Bedingungen: Konstruktion und Strukturalisierbarkeit setzen Abtrennbarkeit, Vielheit, Wiederholbarkeit, Ähnlichkeit, Aufreihbarkeit usw. etwa beim Zählen voraus. (Entsprechendes gilt für räumliche Konstruktbildungen und deren Anwendungen.) Da unser Handeln auf ähnlichen Bedingungen beruht – Konstruieren und Erkennen sind auch in gewissem abstrakteren Sinne Handlungen (Piaget) oder problemlösende Handlungsprojektionen, virtuelles Handeln (G. H. Mead) –, kann die mathematische Mitstrukturalisierbarkeit ebenso auf *Handlungs*erfordernisse wie auf Wirklichkeitsbedingungen bezogen werden. Der eine Bezug schließt den anderen nicht notwendig aus, der letztere den ersteren aber auch nur zum Teil ein. Wir kennen eben keine anderen Bedingungen des systematisierenden Handelns als solche, in denen Untergliederungen, Identifikationen, Reihungen und andere entsprechende Strukturalisierungen möglich sind. Daß eine relativ präzise konstruktive Erfassung der Natur durch die Kombination mathematischer Konstrukte mit inhaltlichen Theorien möglich ist, beruht wohl auf der in der Stammesevolution eingespielten Entsprechung von Strukturalisierbarkeitsbedingungen der (erscheinenden) »Wirklichkeit« und deren Erfahrung und Verarbeitung und der Entwicklungsbedingungen des Denkens. Trotz dieser Entsprechung sollte die Deutung nicht auf eine kurzsichtige direkte Abbildtheorie zwischen Mathematik und Wirklichkeit eingeschränkt werden, noch sollte der berechtigte Konzeptualismus der konstruktiven Formen zu einem empirismusfeindlichen, absoluten aprioristischen Konstitutionalismus führen. Relativer Konventionalismus und relativer Empirismus sind – wie gesagt – vereinbar, wenn man die Rolle sprachlicher und sprachanaloger begrifflicher Instrumente vereint und – wie oben erwähnt – den Erfahrungsbezug einer komplexen Kombination von Theorie, Struktur und Instrument unter Umständen erst auf einer metasprachlichen Stufe verortet.

Wie kommt es aber dazu, daß mathematische Strukturen zur theorieverbundenen Darstellung mancher anderen Bereiche nicht oder nur in sehr viel geringerem Maße geeignet scheinen als bei Gegenständen der Naturwissenschaft? Der Mathematisierung sind ganz offensichtlich Grenzen gesetzt. Sind es absolute Grenzen? Schränken »die Gebiete der Mathematik und Geschichte« (bzw. hermeneutische Geistes-

wissenschaften) »sich gegenseitig ein«, wie Becker[25] meint?
Stehen »mathematisches und hermeneutisches Denken [...]
in einem merkwürdigen Verhältnis der Komplementarität«,
so daß die systematisch fortschreitende Beherrschung von
mathematischen Modellen eigentlich eine Grenze für das
historische Verstehen insofern setzt, als wir »Dinge und
Bereiche« formal beherrschen können, »die nicht mehr ›ver-
stehbar‹ sind«, sondern nur noch »beherrscht« werden können?[26] Becker verfällt dem seit dem Verstehensstreit gängigen, aber falschen Vorurteil, Erklären und Verstehen seien
zwei gänzlich unterschiedliche, auch im Anwendungsbereich
einander ausschließende komplementäre und z. T. konkurrierende wissenschaftliche Methoden, die den Anlaß zur
Ausbildung gänzlich unterschiedlicher wissenschaftlicher
Paradigmen und damit methodologisch völlig disparater
Wissenschaften bildeten. Ohne daß hier auf neuere Möglichkeiten der Verbindung beider Ansätze eingegangen werden kann, sei nur erwähnt, daß eigentlich schon nach Max
Weber dem heuristischen Verstehen die Erklärung folgen
sollte. Die Technologie der Hypothesenfindung, das Ver-
trautwerden mit dem Stoff sind auch bei den Naturwissenschaften, irgendwie sogar *in* der Mathematik, nötig, können
aber die Erklärung nicht ersetzen. Umgekehrt lassen sich
Gesetzeserklärungen und formale Modelle auch in vielen
Sozial- und Geisteswissenschaften anwenden, wie die Entwicklungen der mathematischen Psychologie, mathematischen Lerntheorie, mathematischen Linguistik und mathematischen Soziologie im letzten Jahrzehnt zeigen. Es handelt sich beim Verhältnis von Verstehen und Erklären nicht
um konkurrierende Methoden oder disjunkte wissen-
schaftsbegründende, methodische Paradigmen, sondern um
wechselseitig ergänzungsbedürftige Aspekte, Phasenakzen-
tuierungen, die jeweils entsprechend dem Entwicklungsstand
eines Modells oder gar einer Wissenschaft in den Vorder-
grund rücken und leicht fälschlich zu den jeweils einzigen
methodologischen Paradigmen emporstilisiert werden. Das

Verstehen hat heuristischen und exegetisch-technologischen Charakter, ist aber im Gegensatz zum Erklären kein Teil einer überprüfenden oder deduktiv-hypothetischen Rechtfertigungsmethodologie.

Die mathematischen Strukturmodelle sind für sozial- und geisteswissenschaftliche Fragestellungen nicht von sich aus völlig unangemessen, sondern es sind oft eben *andere* formale Strukturbegriffe, die in solchen Wissenschaften mit äußerst komplexen Systemproblemen und ihren Datenerfassungsschwierigkeiten relevant werden. Vielleicht sind viele der bisher entwickelten analytischen Instrumente – mit Ausnahme der mathematischen Statistik – noch nicht flexibel genug, noch zu einfach konstruiert, um solchen Systemkomplexitäten gerecht zu werden.

Der relative Erfolg simulations- und systemdynamischer Methoden läßt dies vermuten. Wahrscheinlich gibt es für eine ausgearbeitete Theorie strukturierter »fuzzy sets« (Zadeh) und anderer formaler Strukturtheorien noch viele erfolgversprechende Anwendungsmöglichkeiten in den Sozial- und Sprachwissenschaften. Eine totale Ausschlußkomplementarität zwischen der Anwendbarkeit mathematischer Methoden in den Naturwissenschaften und ihrer Nichtanwendbarkeit oder Inadäquatheit in den Sozial- und Geisteswissenschaften kann heute jedenfalls nicht mehr behauptet werden. Nicht nur hat man Systeme gewöhnlicher Differentialgleichungen in der Sozialpsychologie – bei Kleingruppendynamik (Homans, Simon), Gerüchtausbreitungs-, Voraussageeffekten (Lazarsfeld, Simon) – erfolgreich anwenden können, sondern auch spieltheoretische und stochastische Modelle in der Ökonomie (v. Neumann-Morgenstern) und Lerntheorie, Matrizen- und Graphentheorie in der mathematischen Soziologie und Soziometrie (Katz, Luce u. a., Lenk 1970; 1977), Methoden der mathematischen Biologie beim Studium sozialen Verhaltens (Rashevsky) u. a. m. Graphen- und verbandstheoretische Modelle ließen sich erfolgreich zur deskriptiven Formalbeschreibung von Handlungs- und Wertsystemen verwenden (Lenk 1964; 1979).

Insgesamt läßt sich bei den generalisierenden Sozial- und Geisteswissenschaften wohl keine qualitative absolute Grenze für die Anwendbarkeit mathematischer Methoden feststellen, sondern nur eine graduelle und jeweils vorläufige. Es fehlen noch sehr viele formale Strukturmodellarten, die den komplexen Systemproblemen oder Aspektvielfältigkeiten dieser Wissenschaften hinreichend flexibel anzupassen sind. Halbgruppenmodelle – so nützlich sie sich für die linguistische Analyse erwiesen haben – sind eben noch viel zu einfach, um den komplizierten Phänomenen der Natursprachen voll gerecht werden zu können. Dabei mag es sehr wohl sein, daß die bisherigen Modelle – und auch später zu entwickelnde – etwa die Reflexionsstrukturen der natürlichen Sprache und des Bewußtseins nie vollständig werden erfassen können, da dies ein Wiederabschaffen der wegen der Vermeidung von Paradoxien nötigen Objekt-Metasprachen-Trennung erforderlich zu machen scheint.[27] Es gibt aber auf die oberen Sprachschichten hin kumulative Metasprachenkonstruktionen (Hao Wang, Lorenzen 1955), die vielleicht für eine solche Schichten- und Reflexionsproblematik ausgenutzt werden könnten, ohne daß man in die traditionellen semantischen bzw. syntaktischen Paradoxien zurückfallen müßte.

Kurz: Eine absolute Grenze zu dekretieren, wo noch keine erwiesen noch unbedingt wahrscheinlich ist, muß als unnötig einschränkend, den theoretischen Fortschritt beschränkend, als unfruchtbar angesehen werden. Die Forderung nach der nachweislichen Widerspruchsfreiheit solcher Formalmodelle ist zwar als idealer Anspruch gerechtfertigt, sollte aber nicht notwendig ein Hindernis für fruchtbare Modellanwendung und auch keine Grundlage für absolute Begrenzungsaussagen sein. (Frey[28] möchte etwa aus den Unbestimmtheitssätzen nach Gödel (und Church) erschließen, daß die reflexive Bewußtseinsstruktur nie formal erfaßt werden kann.) Auch für die Mathematik in den Naturwissenschaften wäre sonst das Argument ebenso fatal: Einerseits ist die Widerspruchsfreiheit der Mengenlehre(n) nicht erwiesen, andererseits verwenden die mathematischen Modelle, die in der Naturwissenschaft angewendet werden, durchaus hinreichend komplexe Systeme (samt Prädikatenlogik – oft gar über die erste Stufe hinaus – und Zahlentheorie), so daß die Gödelsche Problematik aktuell wird, die besagt, daß die Widerspruchsfreiheit des formalen Aussagensystems nicht mit dessen eigenen Mitteln bewiesen werden kann. Warum aber sollte man bei den Geistes- und Sozialwissenschaften noch nachdrücklicher auf Strukturanforderungen pochen, die man im Bereich der Formalmodelle in den Naturwissenschaften nicht einhält oder prinzipiell nicht einhalten kann? Dies wäre unsinnig.

Praktische Argumente der Anwendbarkeit zeigen übrigens einen ähnlichen Verlauf: Niemand kann – selbst bei bester Gesetzeserkenntnis – den Weg eines Wassertropfens in den Niagarafällen berechnen/voraussagen, weil die exakte Kenntnis der Anfangs-, Rand- und Systemdaten fehlt bzw. utopisch bleibt. Die Komplexität eines politisch-ökonomisch-sozialen Systems mag vergleichbar sein. Darüber hinaus ergeben sich zusätzliche Komplizierungen daraus, daß soziale Normen an sich noch nicht Verhaltensgesetze sind (man kann sie bewußt brechen), sondern erst in umfassendere einzubetten sind, daß Deutungen und Erwartungen – auch über das Systemverhalten – das System beeinflussen und verändern können (»self-fulfilling prophecy«, Eigendynamik sozialwissenschaftlicher Prognosen usw.). Der Sozialwissenschaftler kann freilich wie der Naturwissenschaftler nur *idealisierte* Situationen rechnerisch einigermaßen beherrschen; er soll aber Voraussagen für das gesamte wirkliche komplexe System erstellen. (Kaum je sind in sozialwissenschaftlichen Bereichen Vorgänge so rein zu beschreiben wie bei astronomischen Planeten- oder bei Satellitenbahnen.) Man kann nicht alles »mathematisieren« – übrigens auch in den Naturwissenschaften nicht. Das gilt sowohl prinzipiell in bezug auf die sogenannten »inneren Grenzen«[29] der Mathematisierung, die sich direkt aus den erwähnten Unentscheidbarkeitssätzen und etwa aus der Unmöglichkeit ergeben, auch nur die natürlichen Zahlen formal vollständig zu charakterisieren (Skolem). Das gilt aber auch für die sog. »äußeren Grenzen« der Mathematisierbarkeit.[30] Weder lassen sich alle Phänomene durch strikt metrische Begriffe präzise erfassen, noch ist jede Theorie total mathematisierbar (auch manche naturwissenschaftlichen Theorien gestatten nicht einmal Voraussagen bzw. vollständige Erklärungen – man denke z. B. an Darwins Evolutionstheorie, die nur unvollständige Erklärungsskizzen ex post erlaubt). Vermerkt sei aber, daß die Möglichkeiten der deskriptiven formalen, evtl. mathematischen Erfassung angesichts der Gesetzeserklärungsanforderungen und der ihnen entsprechenden Sicherungsansprüche erheblich unterschätzt werden. Wie oben erwähnt (S. 126 f.), gibt es durchaus mathematische Instrumente, die zur Beschreibung singulärer Zustände oder statistischer Beziehungen verwendet werden können – übrigens auch in manchen typisierenden und klassifizierenden Naturwissenschaften –, ohne nun sogleich gesetzesartige Voraussagen und Erklärungen zu erlauben. (Selbst in naturwissenschaftlich zu beschreibenden diskreten Zustandssystemen kann zudem der Fall eintreten, wie Rescher (1963) illustrierte, daß trotz vollständiger Gesetzeskenntnis für Systemzustände weder Retrodiktionen noch Voraussagen noch Erklärungen möglich sind.)

Insgesamt läßt sich aus dem Entwickelten über die prinzipielle Begrenzung der Mathematik erschließen: Wenn – wie etwa auch Becker und Frey[31] einheitlich betonen – auf dem Gebiet der formalen Strukturbegriffe und -modelle und ihrer Anwendbarkeit für Erfahrungsbereiche in der ihr »eigenen Richtung [...] der mathematischen Denkweise keine Grenze« (Becker), *keine »prinzipielle Grenze der Mathematisierbarkeit aufweisbar ist«* bzw. »– soweit wir heute sehen – nicht denkbar« (Frey) ist, kann man angesichts der bisherigen Unabgeschlossenheit der mathematischlogischen Modelle nicht von einer definitiven prinzipiellen Begrenztheit der Mathematik sprechen, wie die beiden zitierten Autoren es tun (zumal nachdem die ausschließende Konfrontation von erklärenden und verstehenden Methoden und Disziplinen sich als zu einfach, als differenzierungsbedürftig erwiesen hat). Es gibt eine je vom Entwicklungsstand der mathematischen Methoden und der inhaltlichen Theorien der betreffenden Wissenschaften abhängige zeit- oder phasenspezifische Begrenztheit für die Anwendung formaler Strukturmodelle, doch ist keine *absolute* Grenze (außer der inneren, durch Unbestimmtheits- und Unentscheidbarkeitstheoreme gesetzten) zu bestimmen. Eine solche absolute Grenze der Mathematisierung im voraus zu dekretieren, wäre auch methodologisch unfruchtbar, zumal es – wie erwähnt – ohnehin (auch in den exakten Wissenschaften) nur um *Teil*mathematisierungen geht und nicht um den Gegensatz: hier totale Mathematisierung – dort keinerlei Verwendung formaler Strukturbegriffe und -modelle überhaupt.

Durch die neuere Entwicklung der Computertechnologie und ihre Anwendung für die Forschung werden darüber hinaus unorthodoxe formale Strukturalisierungsmethoden verwendbar, die noch weiter auszuarbeiten sind – man denke etwa an Analogstruktur- und Systemsimulationen und an prognostische Alternativprojektionsmodelle. Diese dürften die unterstellten scharfen Grenzen zwischen dem strukturell-quantitativ Erfaßbaren und dem nur qualitativ Kennzeichenbaren ohnehin aufweichen, z. B. bei den Versuchen, semantische Zuordnungen durch formale semantische »markers« sozusagen syntaktisch zu kennzeichnen und zu lexikographieren (Katz u. a.). Die Grenzen zwischen den mit Formalmodellen arbeitenden und den anderen Disziplinen beginnen sich zu verwischen. Natürlich kann man die »Mathematisierung« dann weniger denn je auf Quantifizierung und Metrisierung einschränken. Läßt man aber die formale Strukturanalyse von Mengen, Relativen und mehrstelligen Relationen sowie evtl. unscharfen (fuzzy) Begriffen (Zadeh) zu, so bleiben den Versuchen zur Weiterführung einer nicht überschätzten (Teil-)Mathematisierung bei fortschreitender Theoretisierung oder präziserer Beschreibung noch weite Anwendungsfelder offen. Das gilt insbesondere auch angesichts der bisher ungenügend entwickelten singulär-deskriptiven Verwendungsmöglichkeiten für mathematische Modellstrukturen.

Die Beurteilung von möglichen Erfolgen und Grenzen der Mathematisierung darf daher nicht zu pauschal ausfallen, sie hat disziplin-, bereichs- und entwicklungsspezifisch und ohne Hochstilisierung angeblich absoluter Grenzen und falsch gesetzter Dichotomien zu erfolgen. Heuristisch sollte die Mathematisierung ohne absolutistische Überschätzung möglichst weitergeführt werden. Die Endlichkeit des Menschen, die auch die operativ-pragmatische Instrumentalität und Existenz der Mathematik bedingt,[32] wird der Anwendbarkeit mathematischer Modelle ohnehin Schranken, wenn auch nicht (besonders nicht im voraus) determinierbare (absolute) Grenzen setzen.

Anmerkungen

1 Frey (1967) S. 111.
2 Vgl. z. B. Stegmüller II (1970) S. 15–109.
3 Lorenzen (1958) S. 58.
4 Ebd., S. 69.
5 Ebd., S. 72.
6 Vgl. auch Stegmüller (1973) S. 124 und 189 ff.
7 Brodbeck (1968) S. 595.
8 Ebd., S. 596.
9 Kraft (1970) S. 31.
10 Ebd., S. 32.
11 Ebd., S. 39.
12 Ebd., S. 46.

13 Ebd., S. 58.
14 Ebd., S. 60 ff.
15 Ebd., S. 95 u. a.
16 Frey (1967) S. 37.
17 Ebd., S. 117. (Im Original kursiv.)
18 Ebd.
19 Ebd., S. 40.
20 Becker (1959) S. 152 ff.; Lorenzen (1967).
21 Lorenzen (1955 und 1958); vgl. auch Lenk (1975) S. 281 ff.
22 Piaget (1974) S. 350.
23 Ebd., S. 379 und 27; vgl. auch S. 313 ff. und 347 ff.
24 Ebd., S. 322 f.
25 Becker (1959) S. 170.
26 Ebd., S. 169 f.
27 Vgl. z. B. Frey (1967) S. 128 ff.
28 Frey (1967) S. 131 f.
29 Ebd., S. 121 ff.
30 Ebd., S. 94 ff.
31 Becker (1959) S. 168 und Frey (1967) S. 120 f.
32 Becker (1959) S. 159 f.

Literatur

Becker, O.: Größe und Grenze der mathematischen Denkweise. Freiburg/München 1959.
Becker, O.: Mathematische Existenz. Untersuchungen zur Logik und Ontologie mathematischer Phänomene. Tübingen ²1973.
Bernays, P.: Abhandlungen zur Philosophie der Mathematik. Darmstadt 1976.
Brodbeck, M.: (Hrsg.): Readings in the philosophy of the social sciences. London / New York 1968.
Church, A.: An unsolvable problem of elementary number series. In: American Journal of Mathematics 58 (1936) S. 345–363.
Church, A.: A note on the Entscheidungsproblem. In: Journal of Symbolic Logic 1 (1936) S. 40 f. und 101 f.
Einstein, A.: Geometrie und Erfahrung (1921). In: Einstein, A.: Mein Weltbild. Berlin 1955.
Frey, G.: Die Mathematisierung unserer Welt. Stuttgart [usw.] 1967.

Gentzen, G.: Die gegenwärtige Lage in der mathematischen Grundlagenforschung. Neue Fassung des Widerspruchs-Freiheitsbeweises für die reine Zahlentheorie. Darmstadt 1969.

Gödel, K.: Über formal unentscheidbare Sätze der Principia Mathematica und verwandter Systeme. In: Monatshefte für Mathematik und Physik 38 (1931) S. 173–198.

Hilbert, D. / Bernays, P.: Grundlagen der Mathematik. 2 Bde. Berlin 1934; 1939.

Hao Wang: The formalisation of mathematics. In: Journal of Symbolic Logic 19 (1954) S. 241–266.

Heijenoort, J. van H. (Hrsg.): From Frege to Gödel. Cambridge (Mass.) 1967.

Kraft, V.: Mathematik, Logik und Erfahrung. Wien / New York ²1970.

Kemeny, J. G. / Snell, J. L.: Mathematical models in the social sciences. New York 1962.

Körner, S.: Philosophie der Mathematik. München 1968.

Lakatos, I.: Proofs and refutations. In: The British Journal for the Philosophy of Science 14 (1963/64) S. 1–117.

Lazarsfeld, P. F. (Hrsg.): Mathematical thinking in the social sciences. New York 1954.

Lazarsfeld, P. F. / Henry, N. W. (Hrsg.): Readings in the mathematical social sciences. Cambridge 1966.

Lenk, H.: Leistungsmotivation und Mannschaftsdynamik. Schorndorf 1970.

Lenk, H.: Werte – Ziele – Wirklichkeit der modernen Olympischen Spiele. Schorndorf 1964; ²1972.

Lenk, H.: Erklärung – Prognose – Planung. Freiburg 1972.

Lenk, H.: Pragmatische Philosophie. Hamburg 1975.

Lenk, H.: Team dynamics. Champaign (Ill.) 1977.

Lenk, H.: Graphen- und Verbandsstrukturen in formalen Handlungstheorien. In: Lenk, H. (Hrsg.): Handlungstheorien interdisziplinär. Bd. 1: Handlungslogik – formale Theorien der Handlungen und Sprechhandlungen. München 1979 (im Druck).

Lorenzen, P.: Einführung in die operative Logik und Mathematik. Berlin / Heidelberg / New York 1955.

Lorenzen, P.: Formale Logik. Berlin 1958.

Lorenzen, P.: Metamathematik. Mannheim 1962.

Lorenzen, P.: Das menschliche Fundament der Mathematik. In: Weingartner, P. (Hrsg.): Grundfragen der Wissenschaften und ihre Wurzeln in der Metaphysik. Salzburg/München 1967. S. 27 bis 36.

Lorenzen, P.: Methodisches Denken. Frankfurt 1968.

Margenau, H.: Is the mathematical explanation of physical data unique? In: Nagel, E. / Suppes, P. / Tarski, A. (Hrsg.): Logic, methodology and philosophy of science. Stanford 1962. S. 348 bis 355.

Meschkowski, H. (Hrsg.): Grundlagen der modernen Mathematik. Darmstadt 1972.

Neumann, J. v. / Morgenstern, O.: Theory of games and economic behavior. Princeton 1944. – Dt. Ausg.: Spieltheorie und wirtschaftliches Verhalten. Würzburg 1961.

Piaget, J.: Biologie und Erkenntnis. Frankfurt a. M. 1974.

Poincaré, H.: Wissenschaft und Hypothese. Leipzig ²1906.

Rashevsky, N.: Mathematical biology of social behavior. Chicago 1951; ²1959.

Rescher, N.: Discrete state system, markov chains and problems in the theory of scientific explanation and prediction. In: Philosophy of Science 30 (1963) S. 325–345.

Reichenbach, H.: Philosophie der Raum-Zeit-Lehre. Berlin 1928. Braunschweig ²1977.

Simon, H. A.: Models of man – social and rational. Mathematical essays on rational human behavior in a social setting. New York [usw.] 1957; ⁴1966.

Skolem, Th.: Über die Nichtcharakterisierbarkeit der Zahlenreihe mittels endlich oder abzählbar unendlich vieler Aussagen mit ausschließlich Zahlvariablen. In: Fundamenta Mathematica 23 (1934).

Sneed, J. D.: The logical structure of mathematical physics. Dordrecht 1971.

Stegmüller, W.: Probleme und Resultate der Wissenschaftstheorie und Analytischen Philosophie. Bd. 2: Theorie und Erfahrung. Hbde. 1. 2. Berlin [usw.] 1970; 1973.

Stegmüller, W.: Unvollständigkeit und Unentscheidbarkeit. Wien / New York ²1970.

Suppes, P.: A comparison of the meaning and uses of models in mathematics and the empirical sciences. In: Synthese 1960. S. 287–301.

Zadeh, L. A.: Toward a theory of fuzzy systems. In: Kalman, R. E. / De Claris, N. (Hrsg.): Aspects of network and system theory. New York 1971.

Methodologisches zum Verhältnis von Wissenschaft und Technik

Wenn Karl Jaspers[1] schrieb: »Wegen der Größe der Frage, was damit aus dem Menschen werden kann, ist die Technik heute vielleicht das Hauptthema für die Auffassung unserer Lage. Man kann den Einbruch der modernen Technik und ihrer Folgen für schlechthin alle Lebensfragen gar nicht überschätzen«, so reflektiert diese Einsicht eine verbreitete Schlagwortweisheit, die sich in sprachlichen Formeln von der »wissenschaftlich-technischen Zivilisation«, vom »technischen Zeitalter« oder von der »industriellen Gesellschaft« niedergeschlagen hat. In der Tat prägen angewandte Wissenschaften, Technik und Industrie die Entwicklung der abendländischen Gesellschaft seit mindestens einem Jahrhundert zunehmend so sehr, daß man angesichts der wachsenden Verflechtung und Ausdehnung dieser drei Bereiche von einem wissenschaftlich-technisch-industriellen Systemverbund, einem immer mächtiger werdenden systemtechnologischen Komplex, sprechen kann. Dennoch hat sich die Philosophie bisher nur selten mit diesen für unsere Gesellschaft so entscheidenden Problemfeldern befaßt; die erwähnte Verflechtung wurde überhaupt kaum erkannt und nicht methodologisch diskutiert: Allenfalls wurde in der Politikwissenschaft unter dem Stichwort »Technokratiedebatte« darauf Bezug genommen. Eine Ausnahme bildet Gehlens psychologisch-sozialphilosophische, aber auch nur konstatierende Reflexion über die »Superstrukturen«, in denen »Wissenschaft, technische Anwendung und industrielle Auswertung« zusammenwüchsen, immer weniger durchschaubar gerieten und eine sich selbst automatisierende funktionelle Eigendynamik gewönnen. Noch größer erscheint das Defizit an wissenschaftstheoretischer Diskussion technischer und technikwissenschaftlicher Verfahren.

Im folgenden soll daher nicht die sozialphilosophische Technokratiediskussion weitergeführt werden,[2] sondern es werden philosophische und wissenschaftstheoretische Ansätze diskutiert, die zu einer differenzierteren Sichtweise des Verhältnisses von Technik und Wissenschaft innerhalb dieses systemtechnologischen Komplexes beitragen, eine methodologisch angemessene sozialphilosophische Analyse des Syndroms von Technik, Industrie und Wissenschaft vorbereiten können, ohne diese Analyse selbst schon zu leisten. Immerhin ergibt sich aus dieser Voruntersuchung, daß der Zusammenhang keinesfalls zufällig oder historisch neu ist, sondern etwa schon in den betreffenden Grundbegriffen der antiken Philosophien angelegt war.

Zunächst sind einige begriffshistorische, definitorische und auslegende Bemerkungen nötig.

Der Begriff ›Technik‹ stammt vom griechischen τέχνη ab. Entgegen manchen Mißverständnissen umfaßte der Technebegriff nicht eine bloße handwerkliche Erfahrenheit, Geschicklichkeit, Kunstfertigkeit, die sich auf vom Menschen hergestellte Dinge und Routinen bezieht, sondern bereits bei Platon und Aristoteles unterscheidet sich der τεχνίτης vom Handwerker dadurch, daß er um die Gründe, die Rechtfertigung, die Gesetzmäßigkeiten weiß, denen ein Verfahren folgt.[3] Der Techniker hat Überlegungen, systematisches Denken für sein Herstellen, Machen anzuwenden. Die nötige Verbindung und die akzentuierende Unterscheidung von Technik und Wissenschaft sind also bereits im antiken Technebegriff vorentworfen: Die Techniken bedienen sich logisch-systematischer, begründender, also wissenschaftlicher Methoden, sie richten sich aber nicht ausschließlich auf das theoretische Erkennen, sondern auf die praktische Weltbewältigung aus.

Auch neuzeitliche Technikdefinitionen enthalten diesen Doppelsinn. So wurde die »Technik« gedeutet als (1) *angewandte Naturwissenschaft* (v. Reuleaux, Rumpf), als (2) *Mittelsystem*, das (a) zweckneutral ist und als anstrengungersparende Zwischenschaltung oder systematischer Produktionsumweg für beliebige unterschiedliche Ziele einsetzbar ist (Spencer, Simmel, Spranger); das (b) seinem Begriffe nach von vornherein der wirtschaftlichen

Bedarfsdeckung und Notabwendung dient als »Ordnung im Vollzug dieses Handelns« (Gottl-Ottlilienfeld, z. T. Spranger); das (c) allgemein der Entlastung und Daseinsgestaltung sowie der Existenzvorsorge dient (Gehlen, Jaspers); das (d) den Gesamtkomplex der »Verfahren und Hilfsmittel des naturbeherrschenden Handelns« integrativ umfaßt und darstellt (Gottl-Ottlilienfeld); (3) als *Ausdruck menschlichen Machtstrebens und Ausbeutungswillens* gegenüber der Natur sowie des organisierten Lenkungs- und Steuerungswillens aufgrund des wissenschaftlich erarbeiteten »Leistungswissens« (Spengler, Scheler, Ellul, Buchanan); (4) als *seinsgeschichtlich* sich entwickelndes »Entbergen« und Stellen der Natur zur Energielieferung und zum gelenkten Energietransfer sowie zur kontrollierten Energietransformation und als Aufforderung an den Menschen, die »gestellte« Natur »als Bestand zu bestellen« (Heidegger); (5) als das *Realwerden aus Ideen* bzw. als »reales Sein aus Ideen durch finale Gestaltung und Bearbeitung aus naturgegebenen Beständen«, wobei die Problemlösungen aus einem »Reich prästabilierter Lösungsgestalten« vom Erfinder ausfindig gemacht und in einem Akte der Nachschöpfung oder Weiterschöpfung göttlichen Urschaffens realisiert werden (Dessauer); (6) als realisierte oder angestrebte säkularisierte *Selbsterlösung des Menschen* durch sein eigenes Handeln, »durch werktätiges Gestalten der Wirklichkeit« (Brinkmann); (7) als *Erzeugung des Objektiv-Überflüssigen*, das jedoch den Menschen erst zum Kulturwesen macht, für ihn also im weiteren Sinne nötig ist und somit den Menschen geradezu zum kulturschaffenden »technischen Wesen« macht (Ortega y Gasset); (8) als *»Emanzipation von den Schranken der organischen Natur«* (Freyer) sowie als Entwurf einer künstlichen Umwelt als Ganzheit und damit als fortschreitender Ersatz der natürlichen Umwelt durch eine »selbstgeschaffene Kulturwelt« (Schilling); (9) als *Objektivierung menschlicher Arbeit und Leistung* und somit als Grundlage und Instrument der mittelbaren Selbstdeutung des handelnden Wesens in seinen Werken, das auf Auslegung, Projektion in »ein Nicht-Ich« und faszinierende Resonanz angewiesen ist (Gehlen); (10) Ropohl (1977) spricht darüber hinaus von *Sachsystemen* (technischen Objektsystemen) *und Handlungssystemen* im Sinne von »Realtechnik«, wenn vorwiegend künstliche Objekte, technische Gegenstände, also *Artefakte*, von Menschen erzeugt und für bestimmte Zwecke verwendet werden. Eine ausgearbeitete Systemtheorie der Technik muß demgemäß Handlungs- und Sachsysteme in soziotechnischen Systemen integrieren.

Wenn technische Verfahren und Gebilde auf Begründung und Systematik, also auf die Bildung allgemeiner Theorien angewiesen sind, so ist die Tendenz zur Verwissenschaftlichung notwendig eingeschlossen. (Die handwerkliche – lediglich unsystematisch Erfahrungen sammelnde und tradierende – Wurzel der Technik wird damit nicht geleugnet, sondern nur aufgefaßt als eine – durchaus nötige – Vorstufe der systematischen Technik, die sich auf generelle Verfahren richtet.) Verwissenschaftlichung und Industrialisierung, Generalisierung, Funktionalisierung, Systemcharakter, Informationskontrolle und Ausdehnung auf ursprünglich nicht erfaßbar scheinende Bereiche sind Merkmale der modernen Technik, so daß man schlagwortartig statt vom »technischen Zeitalter« vom sich entwickelnden »informations- und systemtechnologischen Zeitalter« oder kurz vom »(system)technologischen Zeitalter sprechen« könnte.

Die moderne Technik übernimmt in der Technikforschung – in den Technik- und Ingenieurwissenschaften – nicht nur relevante Ergebnisse der Naturwissenschaften, sondern auch deren experimentelle Forschungsmethoden und integriert sie in umfassendere Systeme (Systemtechnik). Anstelle des durchaus noch vorhandenen probierenden Tastens und praxisnaher, aber ad hoc ausgelegter Prototyp-Lösungen tritt immer mehr die systematische quantifizierende Theoriebildung, durch möglichst variablenisolierende Versuche überprüft und auf umfassendere, oft erst durch die Grundlagenarbeit zu erschließende Anwendungsbereiche gerichtet (Klages). Die innige Verbindung von Naturwissenschaften und Technik zeigt sich besonders deutlich in der technologischen Großforschung (*Big Science*), in deren »Aufgabe, für vorgegebene *technische Probleme* wissenschaftlich fundierte Lösungsprinzipien zu finden, – aber auch für bereits bekannte *naturwissenschaftliche Forschungsergebnisse* technische Anwendungsmöglichkeiten zu erschließen« (Rapp

1973). Der *Verwissenschaftlichung der Technik* steht die wachsende *Technisierung der Experimentalwissenschaften* gegenüber: Die technische Geräteentwicklung bietet neue Hilfsmittel, Präzisionsmeßgeräte, Transportmöglichkeiten, Verstärkerfunktionen, Kontrollmöglichkeiten usw., die den Naturwissenschaften (aber zunehmend auch den Sozialwissenschaften) ganz neue Phänomenbereiche zugänglich machen oder gar schaffen. Man denke etwa an Raumsonden, Radioastronomie, künstliche Elemente und die Computertechnik. Aber technische Probleme stellen auch den Naturwissenschaften neue Aufgaben (noch heute gibt es keine vollständige erklärende Theorie für Strömungsmaschinen, Verbrennungsmotoren, Supraleitung) – und umgekehrt (z. B. in der Halbleitertechnik).

Dem differenzierenden Blick zeigen sich aber dennoch wichtige Bereichs-, Akzent-, Methoden- und Zielunterschiede zwischen Technik, Technologie (Technikwissenschaft bzw. wissenschaftlicher Technik) und Naturwissenschaft. Für die Technik sind effiziente Verfahrensbeherrschung, praktische Anwendung, Konstruktion (z. B. von Prototypen), Planung und Durchführung industrieller Herstellung, Kostenminimierung der Produktion (etwa durch Massenherstellung und Automation) sowie zweckgünstige Benutzung, Kontrolle und Einsetzbarkeit der Artefakte von vorrangiger Bedeutung. Daher kann trotz der festzustellenden wachsenden Verflechtung die Technik nicht einfach als angewandte Naturwissenschaft aufgefaßt werden. Besonders die prinzipielle Ausrichtung auf Zwecke, auf die Lösung praktischer Bedarfs- oder Mangelprobleme (selbst wenn Bedarf und Bedürfnisse z. T. erst durch neue technische Produkte geprägt, »erzeugt« werden – und dies wird z. T. bewußt angestrebt) kennzeichnet den zwar zu relativierenden, aber dennoch (intentional) deutlichen Unterschied: In der technischen Entwicklung wird nicht vorrangig die Wirklichkeit ohne praktische Zielvorgabe erforscht, sondern es werden Artefakte entsprechend den

Entwürfen, Zwecksetzungen und naturgesetzlichen Bedingungen *geschaffen*. Erst *nach* dem Entwurf entsteht gleichsam »Realität«. Selbst die technikwissenschaftliche Grundlagenforschung ist darauf ausgerichtet. »Während die Wissenschaft sich mit dem befaßt, was ist, richtet sich die Technologie (Technik) auf das, was sein *soll*« (Skolimowski), besser: oder das, was man herstellen kann, soll, will und auch: darf. Während die wissenschaftliche Forschung theoretische Tiefe, Präzision, Reichweite, riskante Neuansätze sucht, prämiiert die technologische Entwicklung praktische Bewährtheit, Haltbarkeit, Sicherheit, Verläßlichkeit, Standardisierung, Routinisierung, Empfindlichkeit, Schnelligkeit, Kostenminimierung, Nutzwert, Effektivität und Effizienz der Verfahren. Trotz der Verflechtung und partiellen Überlappung der Bereiche, trotz oft gleicher fundierender Grundlagentheorien bleibt es also analytisch sinnvoll, zwischen Technik und Naturwissenschaften – auch methodologisch – zu unterscheiden. Die Aufgabenstellungen und Mentalität des praktischen Ingenieurs sind von denen des theoretischen Naturforschers wenigstens idealtypisch deutlich zu trennen (Lenk/Ropohl 1976).

Diese unterschiedlichen Zielsetzungen und Methoden müssen wenigstens teilweise zu einer gegenüber der naturwissenschaftlichen andersartigen *Methodologie*, einer besonderen Wissenschaftstheorie der Technikwissenschaften führen. Wenn z. B. ein hoher Wirkungsgrad, ein möglichst großes Verhältnis von Output und Input, das Ziel einer technologischen Entwicklung ist und demgemäß auch die methodologische Beurteilung die entsprechende Konzeption bestimmt, so kann sich die Methodologie der Technikwissenschaften in dieser Hinsicht nicht vorrangig auf die Überprüfung einer naturwissenschaftlichen Theorie im Hinblick auf Wahrheit beschränken, sondern sie muß sich eben um Effizienzbeurteilungen bei komplexen konkreten Zusammenschaltungen von technischen Maßnahmen kümmern.

Wenn Naturwissenschaft und Technik sich zueinander verhalten wie Theorie und Praxis, wie Erkenntnis und Handeln, so wird in Ergänzung zur »idealisierenden Abstraktion« und der hypothetisch-deduktiven Methode der Naturwissenschaft in den Technikwissenschaften allgemein ein Prinzip der »*realisierenden Konzentration*« (Rapp 1971), genauer: der prototyporientierten verwirklichenden Konkretion, in der technischen Entwicklung und damit eine »projektivo-pragmatische Methode« unter gegebenen oder zu entwickelnden Zielsetzungen herrschen – besonders dort, wo die praktische Erfahrung, die technische Konstruktions- und Entwicklungsarbeit den Hauptakzent setzen, etwa in der Bau- und Bergbautechnik, in der Verkehrs- und Fördertechnik, in der metallurgischen und chemischen Technik, aber auch in manchen Bereichen der Verfahrens- und (Verbrennungs-)Maschinentechnik. (Viel stärker an naturwissenschaftlichen Grundlagen orientiert sind dagegen die Kern-, Meß-, Regelungs- und Computertechnik.) Eine eigene praxisorientierte technikwissenschaftliche Theoriebildung hat sich in den erstgenannten Gebieten deshalb ausgeprägt, weil sich die Variablen bei komplexen technischen Vorgängen teils aufgrund der Zugriffs- und Komplexitätsschwierigkeiten, teils aus Kosten- und Zeitgründen nicht sauber in naturwissenschaftlich sezierender Weise einzeln isolieren und untersuchen lassen. Technische Vorgänge erfordern oft eine die Einzeldisziplin übergreifende Ausarbeitung von umfassenderen Struktur- und Verhaltensgesetzen technischer Systeme, die über die derzeitigen Auflösungsmöglichkeiten naturwissenschaftlicher Grundtheorien hinausgehen und demgemäß nur pragmatisch an Systemkomplexen »ausprobiert« werden können. Selbst bei den über hundert Jahre alten Ottomotoren oder bei neueren Raketenverbrennungsmotoren lassen sich die Verhältnisse noch nicht durch eine ins einzelne gehende naturwissenschaftliche Theorie völlig beherrschen oder durch variablenisolierende Experimente exakt überprüfen. Über die naturwissenschaftlichen, oft noch allzuweit von der konkreten Anwendungspraxis entfernten Grundlagentheorien hinaus gibt es spezielle technische »Gesetze« oder Regeln, welche die Erfahrungswerte komplexer Verhältnisse in technischen Systemen summarisch – oft in Black-box- oder Input-Output-Formulierung – zusammenfassen und die für die Konstruktions- und Kontrollpraxis genügen, ohne vollständig auf exakten naturwissenschaftlichen Erklärungen zu beruhen oder diese liefern zu können. Wenn man technische Zielsetzungen wie Effizienz oder Sicherheit hinzunimmt, die sich in entsprechenden Begrenzungskoeffizienten ausdrücken, so fließen auf diese Weise ökonomische und soziale Konventionen ein, die zu einer theoretisch kaum exakt analysierbaren Mischung von naturwissenschaftlichen und theoretischen Grundsätzen, technischen Erfahrungswerten, heuristischen Konstruktionsprinzipien und sozialwissenschaftlichen Faktorenerhebungen führen. Ob es hierbei grundsätzlich »technikspezifische methodologische Gesetze« (Müller 1967) gibt, bleibt umstritten, doch führt die jeweilige Kombination zu sehr spezifischen konkreten praxis- und modellverhafteten gesetzesähnlichen technischen Hypothesen systemsummarischen Charakters (oft als Black-box-Verhaltens-»Gesetze«).

Unabhängig hiervon besteht die »Verwissenschaftlichung der Technik« darin, daß zunehmend »substantiv«-inhaltliche[4] naturwissenschaftliche Theorien bei technischen Entwicklungen angewendet werden, in technikwissenschaftlichen Untersuchungen die Voraussetzungen derart manipuliert werden, daß sie angewendet und so techn(olog)ischen Regeln zugrunde gelegt werden. Dabei ist zu beachten, daß technologisch erfolgreiche »Theorien« durchaus (naturwissenschaftlich gesehen) falsifiziert sein können (Satellitenbahnen werden immer noch nach Newtons Theorie berechnet) und daß umgekehrt wissenschaftlich die bestbestätigten Theorien (z. B. die Allgemeine Relativitätstheorie) praktisch-technisch unbrauchbar sein können. Erfolgreiche Praxis liefert weder einen wissenschaftlichen, variablenisolierenden Test für eine Theorie noch unmittelbar eine erklärende theoretische Einsicht: Der Mensch schlug jahrtausendelang Feuer ohne angemessene chemische Theorie der Verbrennungsvorgänge. – Auch braucht Wissen nicht von sich aus stets zum Handeln zu befähigen: Wir wissen einiges über Sternaufbau und Sternentwicklung, ohne solche herstellen zu können. Theoretisches Wissen (über Gegenstände und Prozesse) ist nicht unbedingt zugleich instrumentelles Know-how (Bunge 1972). Es ist strenggenommen weder stets hinreichend noch immer notwendig für ein Handlungswissen darüber, wie Gegenstände und Prozesse zu erzeugen und zu beherrschen sind. Dennoch ist klar, daß theoretisches Wissen die Konzeption, Erfolgsprüfung, Objektivierung und Verallgemeinerung von Know-how meist erheblich *erleichtert* (daher die zunehmende Verwissenschaftlichung der Technik). (Umgekehrt wird vom erfolgreichen Know-how aus meist nicht einmal die Bildung der wissenschaftlichen Grundlagentheorie erleichtert, geschweige denn erzeugt.)

Nach dem Gesagten ist sorgfältig zwischen der Methodologie techn(olog)ischer Regeln und der Wissenschaftstheorie der substantiven Grundlagentheorien zu unterscheiden – selbst dann, wenn die ersteren auf den letzteren basieren oder auf i. e. S. sog. »technologischen Aussagen«, die durch eine Umformulierung von wissenschaftlichen Gesetzeshypothesen entstehen. Gesetze beschreiben, erklären und deuten, erheben Anspruch auf Wahrheit: sie sind deskriptiv-theoretisch; techn(olog)ische Regeln schreiben Handlungen vor, sind nicht wahrheitsfähig, sondern mehr oder weniger wirksam (effektiv), d. h., sie sind normativ-praktisch-pragmatisch. Da Effektivität nicht allein durch den (zwar notwendigen, aber nicht hinreichenden) bisherigen praktischen Erfolg gewährleistet werden kann, kann das Verständnis für das Warum der Effektivität nur durch Einsicht über die zugrundeliegenden Gesetzeszusammenhänge, durch Zuordnung zu betreffenden wissenschaftlichen Gesetzen ermöglicht werden. Eine Regel kann so durch Gesetze »begründet« werden, welche ihre Beurteilung, Verbesserung oder Ersetzung ermöglichen.

Das Gesetz »Reines Eisen hat den Schmelzpunkt bei 1808,15° K« begründet so durch quasi-logische Umformung unter Heranziehung des pragmatischen Prädikats »erhitzt« die techn(olog)ische Aussage (den »nomopragmatischen Satz«, Bunge 1972): »Wenn man ein Stück reines Eisen auf über 1808,15° K erhitzt, schmilzt es«, und die techn(olog)ischen Regeln: »Um reines Eisen zur Schmelze zu bringen, erhitzt man es auf eine Temperatur von über 1850° K«, und: »Um das Schmelzen eines Eisenstücks zu verhindern, vermeide man, es auf eine Temperatur von 1800° K zu bringen.« Die Gültigkeit der Gesetzeshypothese garantiert nicht per se und notwendig die Effektivität der Regel (die Voraussetzungen für die entsprechenden Maßnahmen müssen z. B. *durchführbar* sein) – und umgekehrt erst recht nicht. Bunge formuliert daher den pragmatischen Zusammenhang in einer (vorsichtigeren) *Metaregel*: Ist »A → B« Gesetzesformel, so probiere man die Regeln »B *per* A« (»Um B zu erhalten, stelle man A her«) oder/und » ¬ B *per* ¬ A«. (Die Regeln »B *per* A« *und* » ¬ B *per* ¬ A« sind je unter Umständen »gleich wirksam.«) Die Verknüpfungstafeln für Effektivitätswerte folgen im Gegensatz zu einer klassischen zweiwertigen Wahrheitswertelogik einer mindestens dreiwertigen Logik der methodologisch-technologischen Regeln. Neben »wirksam« (= 1) und »(definitiv) unwirksam« (= 0) ist zumindest noch der Wert »unbestimmt« (= ?) einzuführen; denn wenn ein Mittel zur Erreichung eines Zieles gar nicht eingesetzt wird (werden kann), so bleibt das Urteil über die Wirksamkeit eben unbestimmt. Eine von einer technologischen Regel vorausgesetzte Maßnahme nicht anzuwenden, bedeutet eben: die Regel selbst nicht anzuwenden. Weitere Verfeinerungen müßten mit Hilfe einer komparativen Gradabstufung oder gar Quantifizierung von Wirksamkeitsprädikaten eingeführt werden.

Aufgrund (meist komplexer) technologischer Aussagen und/oder technologischer Regeln (Regelsysteme) können technologische Effektivitätsbeurteilungen, aber auch technologische Voraussagen oder (bedingte) Projektionen oder gar normative Entwicklungsstrategien entwickelt werden. Da es sich hier um *Handlung*sentwürfe und die Ausgangssituation manipulierende Eingriffe und um Zweck-Mittel-Beziehungen und nicht um lediglich (natur)gesetzliche Zusammenhänge handelt, können neben sich selbst erfüllenden (self-fulfilling) auch sich selbst widerlegende (self-defeating) Prognosen bzw. Projektionen eintreten (Bunge 1972). Die Problematik sozialwissenschaftlicher Prognosen tritt also auch bei technologischen Voraussagen auf, weil unvermeidlich außerwissenschaftliche (soziale) Zielsetzungen hineinspielen. Die Methodologie (Verläßlichkeitsbeurteilung) solcher Methoden ist bisher wissenschaftstheoretisch nicht genügend untersucht – z. T. wegen ihrer methodologischen Fragwürdigkeit.

Expertenurteilauswertungen (Delphi-Technik, Relevanzbaummethoden und ähnliche), morphologische Methode, Trendextrapolationen (samt Einhüllenden-Verfahren), Systemsimulationen (bzw. Modellprojektionen) oder gar Szenariotechniken scheinen eher kreativitätsunterstützende, *heuristisch* wertvolle als i. e. S. *wissenschaftliche* Verfahren von methodologisch exakt beurteilbarem Wert zu sein (die Erfolgsbestätigung kann wegen des Eingriffs- und Handlungscharakters, der fehlenden Grundlagentheorie und der meist überdisziplinären Systemkomplexität nicht als Prüfung der zugrundeliegenden Hypothesen aufgefaßt werden). Die auf einer echten Theorie beruhende Voraussage, selbst deren Scheitern, ist methodologisch der Expertenprognose immer noch vorzuziehen, da etwa die Falsifikation zur Theorieverbesserung ausgenutzt werden kann. Die technologischen Voraussagen sollten daher möglichst auf wissenschaftliche Theorien gegründet werden.

Das Ziel, beim Schaffen von bestimmten materiellen Artefakten Zweckentsprechung und Effektivität zu erreichen, bedingt natürlich andere Methoden, als die Theoriebildung, -differenzierung und -überprüfung des reinen Wissenschaftlers sie erfordern – zumal außer den Nutzwert- und Wirkungsgradbeurteilungen noch i. e. S. ökonomische, aber auch politische, ethische und ästhetische Bewertungen technische Innovationen und oft schon deren Konstruktionen mitbeeinflussen. Manche Ingenieurwissenschaftler (Rodenacker) fordern daher statt einer Wissenschaftstheorie der Technikwissenschaften die Ausbildung einer »Schaffenstheorie«, einer Kompositionslehre (Kesselring), Konstruktionssystematik (Hansen) oder -wissenschaft als Teil einer allgemeinen kombinatorischen Heuristik (Müller). Soweit hier Konstruktionsmethoden entwickelt werden, handelt es sich nicht um wissenschaftstheoretische (methodologische) Fragestellungen, sondern um Methodik. Erst sobald mit den Methoden Fragen ihrer *Bewertung* verbunden werden, ergeben sich methodologische Probleme, die freilich unlöslich mit der Entwicklung und Anwendung allgemeiner Methoden verbunden sind. Skolimowski möchte sie als Spezialfälle der Praxeologie, der allgemeinen Theorie effizienter Handlungen, unterordnen. Soweit die Praxeologie eine normative Disziplin der Effizienzbewertung darstellt, gehören etwa Nutzwertanalysen (Zangemeister) sicherlich dazu. Die Methodologie der inhaltlichen objektbezogenen Technikwissenschaft und die Methodik der formalen, »operativen« Theorien, die zur Optimierung und somit zur Beurteilung von technischen Verfahren, Entscheidungen und Handlungen dienen, gehen hier eine kaum auflösbare Verbindung ein. Genauere Untersuchungen auf dem begrifflichen Präzisionsniveau der analytischen Wissenschaftstheorie fehlen noch. Wegen der Vielschichtigkeit der Technik und der zugehörigen Technikwissenschaften (zugleich Praxisverbundenheit und Theoriegeladenheit, deskriptive und normative Komponenten, natur- und sozialwissenschaftliche Determinanten, Analyse und konstruktive Synthese, kreative Konzeption und Realisierung) dürfte die konkrete Ausarbeitung einer einheitlichen geschlossenen Wissenschaftstheorie der Technikwissenschaften heute noch kaum möglich, die repräsentative Zusammenstellung methodologischer Ansätze äußerst schwierig sein.

Wenn man abschließend auf den wissenschaftlich-technischen Komplex des systemtechnologischen Zeitalters, auf Gehlens Problematik der »Superstrukturen« zurückkommt, so läßt sich feststellen: Die wissenschaftliche Analyse dieses übergreifenden, noch wenig durchsichtigen Verflechtungszusammenhanges läßt derzeit nicht nur zu wünschen übrig, sondern bedarf – methodologisch und inhaltlich gesehen – einer beträchtlichen über- und interdisziplinären Ausweitung der Forschungsansätze. Zwar ist in methodologischen Untersuchungen des Verhältnisses von (Natur-)Wissenschaft und Technik der auf die Verwissenschaftlichung der Technik hinauslaufende Zusammenhang beider deutlich geworden, doch dürfen Naturwissenschaft und Technik bzw. Technikwissenschaft keineswegs naiv gleichgesetzt oder schlicht als Theorie und spezielle Anwendung bzw. als bloße Praxis gedeutet werden. Unterschiede der Zielsetzung, der Methoden und Kriterien sind zu deutlich, um ignoriert werden zu können. Zudem sind technische Projekte – besonders auch die zunehmenden systemtechnischen Großunternehmungen – so entscheidend in politische, soziale, ökonomische und ökologische Handlungszusammenhänge eingebettet, daß eine speziell *nur* naturwissenschaftlich und im engeren Sinne ingenieurwissenschaftlich vorgehende Untersuchung einseitig, von eingeschränktem Wert wäre. Die im weiten Sinne *soziale* Einbettung des wissenschaftlich-technisch-industriellen Komplexes und der meisten technischen Vorhaben erfordert zusätzlich zur technikwissenschaftlichen Analyse, Konstruktion und Entwicklung weitergesteckte disziplinübergreifende Untersuchungen, die den vielen verschiedenartigen Perspektiven dieses interdisziplinären Phänomens gerecht werden. Systemtheoretische Ansätze für diese Bereiche, einschließlich der über die Entwicklung hinausgehenden Verwertungsperspektive (Ropohl 1977) haben, so vielversprechend sie sind, vorerst noch weitgehend terminologischen und klassifizierenden Charakter. Daher müssen die Beiträge der unterschiedlichen betroffenen Disziplinen vorerst noch in einem interdisziplinären Forschungsfeld, allenfalls in einer multidisziplinären Aggregatwissenschaft, vereinigt werden, ohne daß schon eine umfassende »substantive« Gesamttheorie oder auch nur hinreichend viele bereichsübergreifende Gesetzeshypothesen zur Verfügung stünden. »Operative« Theorien und im wissenschaftstheoretischen Sinne »technologische« Regeln lassen sich gleichwohl schon überfachlich anwenden – ebenso unorthodoxe Prognose-, Projektions-, Planungs- und Problemlösungsverfahren. Diese gleichen jedoch eher Handlungsleitregeln als wissenschaftlichen Sätzen. Methodologische Untersuchungen von Handlungsregeln im Zusammenspiel mit natur- und technikwissenschaftlichen Problemfeldern existieren bisher nur vereinzelt und sind über erste Ansätze noch kaum hinausgelangt. Ihnen eine solidere wissenschaftliche Grundlage zu geben und sie gezielt – gerade im Hinblick auf die besonderen inter- und überdisziplinären Probleme des systemtechnologischen Zeitalters und seines wissenschaftlich-technisch-industriellen Komplexes – fortzuentwickeln, dürfte eine der dringlichsten Aufgaben der künftigen methodologischen Forschung sein. Die Fortschritte dieser unorthodoxen, sich zu einer allgemeineren system- und handlungsorientierten Methodologie erweiternden Wissenschaftstheorie dürften auch einer zu entwickelnden praxisnahen Sozialphilosophie des systemtechnologischen Zeitalters zugute kommen.

Anmerkungen

1 Jaspers (1955) S. 85 f.
2 Vgl. hierzu Lenk 1973a.
3 Nach Platon (*Philebos* 55d–56e, vgl. auch *Gorgias* 450a–b, *Phaidros* 260c–d, 270b) kennzeichnet die Techne, daß sie ἐπιστήμη (einsichtiges Wissen) ist, also *wissenschaftlich* vorgeht und auch *in* den Wissenschaften stattfindet. Aristoteles hingegen unterscheidet strikt zwischen Wissenschaften und Tech-

niken (*Nik. Eth.* VI, 4. Kap.). Die letzteren beziehen sich trotz ihres Logos, der vernunftgemäßen Gesetzlichkeit, nicht auf das theoretische Erkennen, sondern auf das praktische Überlegen (vgl. des weiteren Lenk/Moser 1973).

4 Bunges Unterscheidung zwischen inhaltlichen (»substantiven«) und verfahrensoptimierenden (»operativen«) Theorien ist hier allerdings nur beschränkt hilfreich, da noch zu undifferenziert: Soweit unmittelbar eine naturwissenschaftliche Theorie über Gegenstände technischen Handelns zu einer technologischen Anwendung bzw. Umformulierung führt (etwa zu Aussagen über das Kritischwerden eines Reaktors), handelt es sich zwar zweifellos um eine »substantive technologische Theorie«, die sich direkt aus der Anwendung einer zugrundeliegenden naturwissenschaftlichen Grundtheorie ergibt. Wenn aber »operative Theorien« als jene aufgefaßt werden, die einerseits das technische *Handeln* selbst betreffen, andererseits aus der Anwendung formaler Methoden (der Optimierungs-, Entscheidungstheorie usw.) auf Mensch-Maschinen-Komplexe ohne Berücksichtigung inhaltlicher (substantiver) Elemente bestehen, so werden die erwähnten technikspezifischen (durchaus *auch*, aber nicht rein substantiv-inhaltlichen) Theoriebildungen mit den Optimierungsmethoden der formalen Verfahrenswissenschaften ungerechtfertigterweise unter eine einzige Bezeichnung gebracht. Wichtige Differenzierungen zwischen technikspezifischen »Erfahrungsgesetzen«, technologischen »Regeln« und formalen Methoden werden so verwischt.

Literatur

Agassi, J.: The Confusion between Science and Technology in the Standard Philosophies of Sciences. In: Technology and Culture 7 (1966) S. 348–366. [Nachdr. in: Rapp (1974).]

Brinkmann, D.: Mensch und Technik. Bern 1946.

Buchanan, S.: Nature, Science, and Technology. In: Technology and Culture 3 (1962) S. 535 ff.

Bunge, M.: Technology as Applied Science. In: Technology and Culture 7 (1966) S. 329–347. [Nachdr. in: Rapp (1974).]

Bunge, M.: Toward a Philosophy of Technology. In: Mitcham, C. / Mackey, R. (Hrsg.): Philosophy and Technology. New York / London 1972. S. 62–76.

Dessauer, F.: Streit um die Technik. Frankfurt 1956.

Ellul, J.: La technique ou l'enjeu du siècle. Paris 1954. – Engl. Ausg.: The Technological Society. New York 1964.

Freyer, H.: Zur Philosophie der Technik. In: Blätter für Deutsche Philosophie 3 (1929) S. 192–201.

Gehlen, A.: Die Seele im technischen Zeitalter. Hamburg 1957.

Gottl-Ottlilienfeld, F.: Wirtschaft und Technik. Tübingen 1923.

Hansen, F.: Konstruktionssystematik. Berlin 1965.

Heidegger, M.: Die Technik und die Kehre. Pfullingen 1962.

Heyde, J. E.: Zur Geschichte des Wortes »Technik«. In: Humanismus und Technik 9 (1963) S. 25–43.

Huning, A.: Das Schaffen des Ingenieurs. Düsseldorf 1974.

Jantsch, E.: Technological Forecasting in Perspective. Paris (OECD) 1967.

Jaspers, K.: Vom Ursprung und Ziel der Geschichte. Zürich 1949; Hamburg 1955.

Jobst, E.: Philosophische Probleme des Wechselverhältnisses von technischer Wissenschaft und Naturwissenschaft. In: Wissenschaftliche Zeitschrift der TH Karl-Marx-Stadt 9 (1967) S. 81 bis 92.

Jobst, E.: Spezifische Merkmale der technischen Wissenschaft in ihrem Wechselverhältnis zur Naturwissenschaft. In: Deutsche Zeitschrift für Philosophie 16 (1968) S. 928–935.

Kapp, E.: Grundlinien einer Philosophie der Technik. Braunschweig 1877. Düsseldorf ²1978.

Kesselring, F.: Technische Kompositionslehre. Berlin u. a. 1954.

Klages, H.: Rationalität und Spontaneität. Gütersloh 1967.

Lenk, H.: Erklärung, Prognose, Planung. Freiburg 1972.

Lenk, H.: Philosophie im technologischen Zeitalter. Stuttgart [usw.] ²1972.

Lenk, H.: Zu neueren Ansätzen der Technikphilosophie. In: Lenk/Moser (1973) S. 198–231.

Lenk, H. / Moser, S. (Hrsg.): Techne – Technik – Technologie. Pullach bei München 1973.

Lenk, H. (Hrsg.): Technokratie als Ideologie. Stuttgart 1973. [Zit. als Lenk 1973a.]

Lenk, H.: Technologie und Methodologie. In: Rombach, H. (Hrsg.): Wissenschaftstheorie 1. Freiburg [usw.] 1974. S. 161 bis 168.

Lenk, H.: Ist Technik lediglich angewandte Naturwissenschaft?

In: Lenk, H.: Pragmatische Philosophie. Hamburg 1975. S. 268 bis 280.

Lenk, H. / Ropohl, G.: Technische Intelligenz im systemtechnologischen Zeitalter. Düsseldorf 1976. [Zit. als: Lenk/Ropohl 1976a.]

Lenk, H. / Ropohl, G.: Praxisnahe Technikphilosophie. Entwicklung und Aktualität der interdisziplinären Technologiediskussion. In: Zimmerli, W. Ch. (Hrsg.): Technik oder: wissen wir, was wir tun? Basel 1976, S. 104–145. [Zit. als: Lenk/Ropohl 1976b.]

Lenk, H. (Hrsg.): Handlungstheorien interdisziplinär, Bd. 4: Sozialwissenschaftliche Handlungstheorien und spezielle systemwissenschaftliche Ansätze. München 1977.

Lundgreen, P. (Hrsg.): Zum Verhältnis von Wissenschaft und Technik. (Univ.-Forschungsschwerpunkt Wissenschaftsforschung) Bielefeld 1976.

Mitcham, C. / Mackey, R. (Hrsg.): Bibliography of the Philosophy of Technology. Chicago 1973.

Moser, S.: Kritik der traditionellen Technikphilosophie. In: Lenk/Moser (1973) S. 11–87.

Müller, J.: Zur Bestimmung der Begriffe »Technik« und »Technisches Gesetz«. In: Deutsche Zeitschrift für Philosophie 15 (1967) S. 1431–1449.

Müller, J.: Zum Verhältnis von Naturwissenschaft und Technik. In: Freiberger Forschungshefte D. 53 (1967) S. 163–170.

Müller, J.: Probleme der Entwicklung einer systematischen Heuristik in den technischen Wissenschaften. Karl-Marx-Stadt 1968.

Ortega y Gasset, J.: Betrachtungen über die Technik. Der Intellektuelle und der Andere. Stuttgart 1949.

Pfeiffer, W.: Allgemeine Theorie der technischen Entwicklung. Göttingen 1971.

Rapp, F.: Die Technik in wissenschaftstheoretischer Sicht. In: Lenk, H. (Hrsg.): Neue Aspekte der Wissenschaftstheorie. Braunschweig 1971. S. 179–185.

Rapp, F.: Technik und Naturwissenschaften – eine methodologische Untersuchung. In: Lenk/Moser (1973) S. 108–132.

Rapp, F. (Hrsg.): Contributions to a Philosophy of Technology. Dordrecht/Boston 1974.

Rapp, F.: Analytische Technikphilosophie. Freiburg/München 1978.

Rodenacker, W. G.: Methodisches Konstruieren. Berlin u. a. 1970.

Rodenacker, W. G.: Wissenschaftstheoretische Überlegungen zur Konstruktionsmethodik. Referat VDI-Ausschuß »Philosophie und Technik«, 16. 6. 1972.

Ropohl, G. (Hrsg.): Systemtechnik – Grundlagen und Anwendung. München 1975.

Ropohl, G.: Eine Systemtheorie der Technik. Zur Grundlegung der allgemeinen Technologie. Habil.-Schr. (Fakultät für Geistes- und Sozialwissenschaften). Karlsruhe 1977.

Rumpf, H.: Gedanken zur Wissenschaftstheorie der Technikwissenschaften. VDI-Zeitschrift 111 (1969) S. 2–10. [Überarb. Nachdr. in: Lenk/Moser (1973).]

Rumpf, H. / Rempp, H. / Wiesinger, M.: Technologische Entwicklung. Bd. 1: Allgemeine Entwicklungslinien. Göttingen 1976.

Skolimowski, H.: The Structure of Thinking in Technology. In: Technology and Culture 7 (1966) S. 371–383 [Nachdr. in: Rapp (1974).]

Staudt, E.: Struktur und Methoden technologischer Voraussagen. Göttingen 1974.

Zangemeister, C.: Nutzwertanalyse in der Systemtechnik. München 1970.

Leistungsprinzip und Sportkritik

Die Kritik am Leistungsprinzip

Die neue »kritische Generation« und das »Establishment« sind sich in einem einig: Beide meinen, wir leben in einer »Leistungsgesellschaft«, die vom »Leistungsprinzip« gegliedert ist. Soziale Ränge und Chancen, Aufstieg, Entlohnung, Einfluß würden nur nach der persönlich erbrachten beruflichen Leistung bemessen und verteilt. Eine Gesellschaft, die ihren Mitgliedern Rollen und Ränge allein nach diesem Prinzip zuteilt, wird »Leistungsgesellschaft« genannt.

Soweit ist man sich einig. Nun aber scheiden sich die Geister: Während die neue Protestgeneration alle Arbeitenden unter ebenso inhumanen wie unnötigen Leistungsdruck und Leistungszwang gejocht sieht, den es schnellstens abzuschaffen gilt, plädieren Etablierte entschieden für den Erhalt des »Leistungsprinzips«, das uns Wohlstand und wirtschaftliche Sicherheit verschafft habe. Wer »Leistungsdefätismus« predige, sei schlechtweg asozial, unverantwortlich gegenüber den Notwendigkeiten zu leistender Produktion für die künftige Versorgung der Menschheit.

Menschlich-allzu-menschlich ist dieses Alles-oder-Nichts, dieses »Ja« oder »Nein«, »Entweder-Oder«, das sich trefflich zur Zweiereinteilung nach Anhängern und Gegnern, nach »Wir« und »Jene«, zur Freund-Feind-Etikettierung eignet. So einfach ist das. Leistung oder Lust? Hedonisten und Hippies gegen asketische Puritaner. Die einen: »Da wählen wir schon lieber die Lust;« die anderen: »Wir wollen keine sozial-ökonomische Katastrophe – also sind wir für die Leistung.« Leistung schließt dann scheinbar stets auch Leistungsdruck ein. Lust oder Leistungs*zwang*, so scheint die einzige Alternative zu sein: Puristisches Alternativdenken auf beiden Seiten – sei es von links oder sei es von rechts. Doch totales Denken ist eigentlich immer falsch. Es führt zu leicht zum Totalitären.

Klischeedenken dieser Art wird typischerweise ideologisch genutzt, zur anscheinend theoretischen Rechtfertigung der eigenen Wertungen sowie zur Abqualifizierung.

»Leistung« wird je nach Interesse und sozialen Wertungen des Urteilenden stark mit Emotionen besetzt: Leistung ist dem einen ein Qualitätsbegriff, ein Wertetikett, das selbst die Werbung suggestiv benutzt: mit dem Slogan »Leistung entscheidet« warben Tankstellen im olympischen Jahr. Durch Einreden von Leistung, durch Reden über Leistungen täuscht die Reklame Leistung vor. Die anderen Nuancen des vieldeutigen Wortes klingen irgendwo, irgendwie mit an. Die Sozialkritiker hingegen, die diesen Trick durchschauten, verwarfen alles Leistungsdenken, alle Leistungswerte und alle Erziehung zur Leistungsbereitschaft als ideologische Perfidie der Herrschenden, um ihre etablierten Privilegien und Positionen zu erhalten. Der Verweis auf Leistungen schon gilt ihnen als konservative Ideologie.

Die neue Kritik am Leistungsprinzip in der Arbeitswelt der Industriegesellschaft wurde von Autoren wie Marcuse und Offe artikuliert: Die Kritik kulminierte in vier Punkten:

1. Leistungen werden unter Zwang, unter Sanktionen wie Entlassungsdrohung den Lohnabhängigen abgepreßt – und zwar so spezialistisch und einseitig, daß sie weder den Fähigkeiten noch den Interessen der Arbeitnehmer entsprechen.

2. Die Arbeit als kollektiv organisierter komplizierter Prozeß erlaubt es nicht mehr, die Leistung und den Arbeitserfolg sichtbar dem leistenden Individuum selber zuzuschreiben: Nur als routinehafte, sich wiederholende monotone Teilarbeit geht die Leistung des einzelnen in die komplex organisierte Produktion ein, die von der Einzelleistung in kaum noch übersehbarer Weise abhängt und dem einzelnen Arbeiter »entfremdet« ist: Das Pro-

dukt ist nicht mehr *sein* Werk, die Leistung ist nicht mehr individuell zurechenbar, wie es in der handwerklichen Manufakturproduktion der Fall war.

3. Die idealerweise unter den Werten einer »Leistungsgesellschaft« geforderte Chancengleichheit der Arbeitenden und um soziale Ränge Konkurrierenden ist ohnehin nicht gewährleistet. Das Gleichberechtigungsprinzip wird nicht verwirklicht. Bildungsunterschiede, soziale Unterschiede in der Startposition, Machteinflüsse, Durchsetzungsvermögen verhinderten die Realisierung gleicher Chancen allzu sehr. *Verschiedenartige* Leistungen sind zudem kaum vergleichbar.

4. Aus moralischen Gründen sei das Leistungsprinzip abzulehnen, weil seine »allzu perfekte Durchsetzung« (Offe) anderen sozialen Werten widerstreitet: Es habe inhumane Auswirkungen und gefährde die Ausgeglichenheit der Persönlichkeit. Es koppele die Freizeit und die außerberufliche Bewertung der Person zu sehr an die Arbeitssphäre (Hack).

Punkt 1 dieser Kritik richtet sich berechtigt auf unnötigen Leistungszwang, den es wirklich baldmöglichst allmählich abzubauen gilt, ohne daß ein Verlust an Produktivität und Versorgungsgarantie oder an menschenwürdigem Lebensstandard einhergeht. Punkt 2 und 3 der Kritik richten sich gegen die Anwendbarkeit des Leistungsprinzips. Da Leistungen im komplexen Arbeitsprozeß allgemein kaum mehr individuell zurechenbar sind, da die Chancengleichheit ohnehin auf lange Sicht utopisch sei, verliere das Leistungsprinzip seinen »operationellen Gehalt«, es werde als Norm »selber sinnlos« (Offe). Punkt 4 der Kritik richtet sich gegen eine totale Durchsetzung des Leistungsprinzips in dem oben definierten Sinne, also gegen eine totale Leistungsgesellschaft in allen sozialen Belangen.

In der Tat ist die Behauptung, daß wir in einer vollständigen »Leistungsgesellschaft« lebten, die exakt dem »Leistungsprinzip« folge und soziale Entlohnungen allein nach

Leistung verteile, ebenso falsch wie das Verfechten einer totalen Leistungsgesellschaft inhuman wäre: Wie wollte man exakte Leistungsbeurteilungen auch auf Kranke, Alte, Kinder, auch auf den Privatbereich ausdehnen, ohne inhumane Forderungen zu erheben? Die Kritik an der »Leistungsgesellschaft« als einem Totalmodell der Gesellschaft ist insoweit sicherlich richtig. Nur wird dieses Modell von vielen Verfechtern des Leistungsprinzips gar nicht so umfassend als Modell der Gesamtgesellschaft verstanden.

Die kritischen Feststellungen, daß das »Leistungsprinzip« nicht durchweg verwirklicht werde und nicht voll verwirklicht werden könne, auch wenn man es auf den Bereich der beruflichen Arbeit einschränkt, sind ebenfalls zum großen Teil berechtigt. Ganz andere soziale Faktoren spielen ebenfalls mit, wenn Ränge und Entlohnungen verteilt werden. Nur wäre die Nichtverwirklichung des »Leistungsprinzips« kein hinreichendes Argument gegen die Orientierung an einem idealen Leitmodell. Die *Nichtanwendbarkeit* hingegen zeigt, daß die Fiktion, Entlohnung und sozialer Aufstieg würden durch und allein durch vollbrachte Leistungen des einzelnen bestimmt, durchaus als Rechtfertigungsideologie verwendet wird, um soziale Ungleichheiten als scheinbar gerechte zu legitimieren oder gar zu zementieren. Zweifellos wird der Hinweis auf die Fiktion »Leistungsprinzip« oft zur Aufrechterhaltung bestehender ungerechter Machtverteilungen und Ungleichheiten und zur Abwendung oder Ablenkung von sozialen Konflikten benutzt.

Wenn aber darüber hinaus das Vergleichen und Bewerten nach individuellen Leistungen abgelehnt wird, weil das »Leistungsprinzip« eben »auch eine Norm der Ungleichheit« sei, die »solche Formen der Ungleichheit« sanktioniert, »die durch individuelle Leistungen zustande gekommen sind« (Offe), so wird doch wohl allzu kurzschlüssig gefolgert. Eine soziale Ungleichheit würde nämlich auch jedes andere Kriterium der Rangzuweisung ebenfalls erzeugen, wenn man nicht von der sozialen Utopie einer vollständig rängelosen Gesellschaft der Gleichheit ausgeht. Wenn aber Ungleichheit schon unvermeidlich ist – selbst wenn sie auf humane Maße zurückzuschrauben und auf funktionale Bereiche einzuschränken wäre –, dann ist eine *relativ* gerechtere Art der Rangzuweisung nach Leistung immer noch einer willkürlichen oder durch bloße politische Akklamation zustandegekommenen vorzuziehen. Nach der Leistungstüchtigkeit des einzelnen seine Entlohnungen zu bewerten, wo eine Messung nach Leistungskriterien noch möglich ist, das ist sicherlich sozial gerechter, als dem bloß Erfolgstüchtigen, der die machiavellistische Technik sozialer Durchsetzung am besten beherrscht, automatisch auf Kosten der anderen die besseren Chancen und Positionen einzuräumen. Dies ist ein soziales Postulat. Ichheiser hat schon vor fast fünfzig Jahren darauf hingewiesen, wie sehr Erfolgstüchtigkeit und Leistungstüchtigkeit miteinander verwechselt werden, wie sehr der soziale Durchsetzungstyp die »Selbstverschleierung des Erfolges« für sich ausnutzt. Die heutige Gesellschaft ist weniger an dem Ideal der Leistungsgesellschaft orientiert, so sehr sie dieses in Festreden und Pressepamphleten vorgibt, sondern faktisch an den Normen einer Erfolgs- und Publicity-Gesellschaft, die sozialen Erfolg oder gar Scheinerfolg als eigene Leistung ausgibt und Erfolgsverhalten prämiiert und kultiviert.

Ein Rückgang auf Bemessungen sozialer Entlohnungen nach wirklichen, eigenen, vollbrachten Leistungen wäre zweifellos ein Fortschritt. Selbstverständlich ist dieses nur idealtypisch möglich, da der messende Vergleich zwischen völlig verschiedenartigen Leistungen in verschiedenen Bereichen kaum durchführbar ist; schon dies ist ein Argument gegen eine totale Ausdehnung des Ideals der »Leistungsgesellschaft«, selbst nur im beruflichen Arbeitsbereich.

Doch die Kritik an dem Modell der totalen »Leistungsgesellschaft« und an der reinen Anwendbarkeit des Leistungsprinzips, am unnötig ausgeübten Leistungsdruck in manchen Bereichen hat nicht zur Folge, daß Leistungswerte generell abgelehnt werden müßten. So berechtigt ein gewisser Teil der Ideologiekritik am »Leistungsprinzip« zweifellos ist, so unberechtigt wäre das Verfallen in das extreme Gegenteil totaler Leistungsablehnung, so unsozial, ja, inhuman wäre ein Plädoyer für eine völlige Ablehnung von Leistung. Die Feststellungen, daß das »Leistungsprinzip« ideologisch benutzt wird, daß es nicht rein zu verwirklichen ist, daß unsere Gesellschaft keine reine »Leistungsgesellschaft« ist noch eine totale sein darf – all dies ist nicht gleichzusetzen mit einer sozialkritischen Diffamierung von Leistungswerten überhaupt. Ohne jede Leistungsbereitschaft, ohne Erziehung zur Leistungsmotivation für sozialproduktive Aufgaben ist auch in alle Zukunft keine ausreichende Versorgungstechnologie für die explosiv wachsende Menschheit zu garantieren: Mit den Bevölkerungszahlen besonders in den Ländern der Dritten Welt wachsen sprunghaft die Versorgungs- und Entwicklungsprobleme. Diese Binsenwahrheit vergißt man heute allzu leicht, wenn man ein Stillstellen des technischen Fortschritts im Interesse eines menschenwürdigen Überlebens fordert. Ein Stillstellen käme nicht in Frage, ja, es wäre fatal, da es sogleich einen (mindestens relativen) Rückfall zur Folge hätte und die drohende Versorgungskatastrophe in den Entwicklungsländern erheblich verschärfen würde. Dies bedeutet nicht, daß der technologische Mythos des technischen Fortschritts nicht gesteuert und von humanen Wertorientierungen kontrolliert werden müßte. Dies bedeutet auch nicht, daß sinnvolle humane Aufgaben dem allgemeinen Rüstungswahnsinn und der Überfluß- und Wegwerfproduktion nicht vorzuziehen wären.

Leistungsorientierung und Erziehung zu Leistungswerten im Sinne humaner Aufgabenorientierung sind außerdem nicht mit Leistungsdruck, insbesondere nicht mit unnötigem Leistungszwang, gleichzusetzen. Selbst wenn ein gewisser Leistungsdruck in der beruflichen Arbeitswelt noch relativ lange unvermeidlich ist, so sollte er doch tendenziell auf lange Sicht verringert werden: Er sollte zumal nicht um des Überflußkonsums und um des Wettrüstens willen inszeniert werden. Ohnehin existiert kaum ein einheitlicher Leistungsdruck für alle Sozialbereiche. Das Problem der Scheidung zwischen überflüssigem und dem für die Versorgung der Menschheit heute noch nötigen »Leistungszwang« ist allgemein kaum zu lösen. Diese Trennung dürfte von Bereich zu Bereich je nach Art der zu bewältigenden Aufgaben unterschiedlich durchzuführen sein und muß demgemäß differenziert und detaillierter behandelt werden.

Nochmals zu betonen ist, daß Leistungswerte nicht unlöslich mit Leistungszwang gekoppelt sind. Die bisherige Diskussion übersah das fast gänzlich. Auch im Bereich der beruflichen Ausbildung, der Schule und der Arbeit selbst könnten positive Auszeichnungsmöglichkeiten, Leistungsanreize mehr Gewicht erhalten als bisher, mehr Gewicht als der Konformitätsdruck, der darauf abzielt, vorgegebene Leistungsstandards einfach routineartig und monoton einzuhalten. Die Tradition des betrieblichen Vorschlagswesens im Sinne einer Rationalisierung könnte ausgebaut werden auch in Richtung auf eine größere Möglichkeit positiver Auszeichnungen für Leistungen und so Leistungsanreize und Leistungsbereitschaft fördern. Die Entlastung von allzu routinehaften Arbeitsvorgängen durch die rasch voranschreitende Automatisierung der Betriebe könnte hier Möglichkeiten aufschließen, die bisher noch nicht hinreichend genutzt und diskutiert worden sind. Marx' Utopie von der »freien Selbstbetätigung« des schöpferischen Menschen, Marcuses Idee von der »libidinös besetzten Arbeit« in einer Kultur unter dem »Spieltrieb« werden sicherlich noch auf lange Sicht unrealisierbare Leitbilder sozialer Arbeitsorganisation bleiben, doch die Möglichkeiten, sich diesen Idealen im Zeitalter der zunehmenden Automation durch bessere Information über Berufswahl, Erleichterung der Umschulung und Ausnutzung der Möglichkeiten zur »lustgetönten«

Besetzung des Arbeitens tendenziell ein wenig mehr anzunähern, scheinen durchaus zu bestehen.

Leistungssport im Lichte der Leistungskritik

Die Kritik am Leistungsprinzip und am Modell der Leistungsgesellschaft wurde schnellfertig auf den Leistungssport übertragen. Insbesondere im sogenannten spätkapitalistischen System gilt der Leistungssport »als nationale und internationale Demonstration des Leistungspotentials und der Leistungsideologie des politischen und wirtschaftlichen Systems«. Der Breitensport dient »zur Instandsetzung und Erhaltung der körperlichen Leistungsfähigkeit [...], die im Arbeitsprozeß wieder ausgebeutet wird«. Der Massensport findet nach dieser Kritik seine Funktion in der »Kanalisierung der hauptsächlich im Arbeitsprozeß entstehenden Aggressionen in ungefährliche Bereiche«, also in einer »Brot-und-Spiele-Funktion«. Der Schulsport schließlich »als das erklärte Reservoir zur Züchtung neuer Hochleistungssportler, die wieder als fremdbestimmte Werkzeuge des kapitalistischen Systems benutzt werden«, trage »entscheidend zur Stabilisierung und Festigung dieses kapitalistischen Systems bei«. Diese Ausführungen stammen aus einer »Plattform« der Jungsozialisten zu ihrem Parteitag 1971. Sport als »Manipulationsobjekt der herrschenden Klasse« zur Kanalisierung der Frustrationen aus der Alltagsarbeit, zur Disziplinierung des Leistungsverhaltens, zur nationalistisch-demonstrativen Ausbeutung der Leistungssportler sowie als profitable Reklamemöglichkeit, als Geschäftsbereich und Zuckerbrot, als stabilisierender Identifikationsmechanismus für die Massen sowie als Institution zum Trimmen auf Leistungsbereitschaft – diese extreme Vision vom total formierenden Sport in einer angeblich formierten Gesellschaft übernahm schlicht einfach ohne eingehendere Analyse, ohne erfahrungswissenschaftliche Erhebung alle negativen Kernsätze der gängigen Sozialkritik und faßte sie hier noch einmal zusammen: »Eine Gesellschaft, die den Begriff der Leistung über das Prinzip zur Ideologie gemacht hat, kann auch im Sport von dieser nicht abstrahieren. Dieses ideologisch-irrationale Leistungsprinzip findet sich symmetrisch zum industriellen Arbeits- und Produktionsprozeß im Sport wieder. Die Spitzensportler als leistungsfähige Muskelmaschinen, Reproduktionssymbole des politischen und ökonomischen Systems, das sie vertreten, sie werden zu maschinellen Medaillenproduzenten.« Ein zwei Jahre älteres Papier des Sozialistischen Deutschen Studentenbundes sah bereits »das sportliche Leistungsprinzip als indirekten Übergriff der sozialen Repression« selbst. Die Jungsozialisten taten nichts anderes, als dieses pauschale Urteil in etwas verständlicherem Deutsch zu wiederholen.

Doch selbst ein so abwägender Autor wie Günter Grass meinte kürzlich, daß die »Diktatur des Leistungsprinzips« sich im Leistungssport verschärft widerspiegele. Ein Ersatzwettrüsten in allen Sportnationen finde statt. Die Sportler würden nicht nur vom »persönlichen Ehrgeiz« getrieben: »Es ist das kollektive Leistungsprinzip, das sie antreibt«, »Leistungssport dient nicht zur Befreiung von Zwängen. Er ist das Resultat von Zwängen, denen sich Leistungsgesellschaften beugen. Sie haben durch blinde Bereitwilligkeit Spitzensportler gezüchtet, um sich in ihnen darzustellen.« Doch »wo Leistung nicht dazu dient, soziale Probleme zu lösen, schafft sie zusätzliche soziale Probleme. Leistung aus Prinzip überfordert diejenigen, denen sie abgepreßt wird, frißt und vergeudet ihre Kraft, ihre Gesundheit, ihre Zeit, produziert sinnlos Überfluß, mischt Gift in Luft und Wasser und wirft Müllhalden auf, die nicht einmal Unkraut begrünen will«. »Fehlinvestierter gesellschaftlicher Ehrgeiz« fordere die Überspitzung auch im Sport. Nicht nur die Berufstätigen seien in »Sachzwang« und »Leistungsterror« eingezwängt, sondern auch die Leistungssportler, die »ihren Körper für die Interessen anderer zur Verfügung stellen«.

Der Leistungssport als extremes Parademodell des Leistungsprinzips, als pointierte Spiegelung der »Leistungsgesellschaft«, als öffentliche Verkörperung systematischen Leistungszwangs mit allen Erscheinungen soziopathologischer und psychoneurotischer Zwanghaftigkeit? »Leistungsprinzip«, das bedeutet Leistungszwang. Das totale Klischee läßt keine Differenzierung zu. Leistungssport ist Leistungsterror. Leistungsfreude – unbekannt. Rigauer deutete sportliche Trainingsformen als »repressive [...] Systeme von Handlungsvorschriften«: »Leistungssport betreiben heißt leisten müssen, um gesellschaftliche Leistungserwartungen zu erfüllen«.[1]

Fällt aber die sportliche Leistung überhaupt unter »das Leistungsprinzip« im Sinne der Gesellschaftskritiker? Läßt sich die Übertragung der Kritik vom Berufsbereich auf den Leistungssport so schlichtweg ohne weitere Unterscheidung leisten?

Wie immer ist die Analyse diffiziler als totale Pro-und-contra-Klischees.

Zunächst einmal ist das Reden von »*dem* Leistungsprinzip« keineswegs eindeutig. Marcuse verwendet es in seinem Buche *Triebstruktur und Gesellschaft* mindestens in drei verschiedenen Bedeutungen. Einerseits meint er: »Die Definition des Lebensstandards im Sinne von Autos, Fernsehapparaten und Traktoren ist die Definition des Leistungsprinzips an sich.«[2] In dieser ersten Deutung setzt er »Leistungsprinzip« mit dem ökonomischen Konkurrenzprinzip und der Behauptung gleich, die Gesellschaft sei ausschließlich nach ökonomischen Profit- und Erfolgskriterien geschichtet. Zum zweiten bezeichnet Marcuse nur die über die Sicherung eines angemessenen Lebensstandards hinaus geübte »zusätzliche«, überflüssige Unterdrückung, d. h. die erzwungene, »entfremdete« Arbeit, als unter dem »Leistungsprinzip« stehend. Zum dritten schließlich deutet auch Marcuse für unsere Gesellschaft und für unsere Kultur das »Leistungsprinzip« als ein Prinzip der Identität der Persönlichkeit, als Selbstdarstellungs- und Selbstbestätigungs-, ja Selbstkonstitutionsprinzip. Künstlerische Leistungen ordnet er nicht dem Leistungsprinzip unter, sondern der »Kritik am Leistungsprinzip«.

Wie steht es nun mit der sportlichen Leistung? Entsprechend jeder der drei Interpretationen ist ihr Verhältnis zum »Leistungsprinzip« natürlich verschieden. Entsprechend der ersten Deutung gehört die sportliche Leistung (des Amateurs) tatsächlich nicht zum Leistungsprinzip, von manchen Fällen sportlicher Großverdiener oder Professionals abgesehen, die ihren Status zum Teil durch Verkauf ihrer »Ware« »Leistung« auf dem »Leistungsmarkt« bestimmen und erhöhen. Und auch in der zweiten Fassung fällt die sportliche Leistung nicht unter das Leistungsprinzip, wenn man von verbandsdirigistischen Zwangsmaßnahmen und Sanktionen unter Drohungen absieht, daß eine Sporthilfe oder Förderung entzogen würde, wenn der Athlet nicht zu einem Lehrgang oder Wettkampf usw. erscheint. Nach dieser Deutung gehörte die normale sportliche Leistung sogar zur »libidinös besetzten« (lustvoll getönten) Tätigkeit im Sinne Marcuses: der Aktive erstrebt nämlich diese persönlich besonders stark und besetzt sie mit intensiven Wertemotionen und Lustgefühlen, selbst wenn es sich teilweise um eine abstrakte, in die Zukunft projizierte »Lust« am Erfolg und eine »Lust« an der vollbrachten Leistung handelt. In dieser Auffassung zählt die sportliche Leistung nach Marcuses Definition des Leistungsprinzips gerade zur »Kritik am Leistungsprinzip« – eine offensichtliche Ungereimtheit gegenüber dem üblichen Sprachgebrauch. Im Leistungssport hätte man geradezu eine »libidinös besetzte« Tätigkeit in einer Subkultur unter dem »Spielbetrieb«, wie sie Marcuse statt der monotonen Fließbandunlust der Fabrikproduktion von heute fordert. Es ist einfach falsch, daß jede Leistung im Sport unter Leistungsdruck erpreßt wird, daß jede sportliche Leistung dem Athleten abgezwungen wird. Kaum jemand erstrebt die Leistung von sich aus mehr als der Sportler selbst. Diese Bewertung und dieses Erleben des Athleten ist nicht außer acht zu lassen – auch dann nicht, wenn behauptet wird, er sei frühkindlich zum Leistungsverhalten manipuliert worden. Der Unterschied, ja, Gegensatz zu erzwungenem Arbeitsverhalten, dem widerwilligen Einhalten von Produktionsnormen am Fließband, ist nicht zu übersehen. Die *nur* soziologische Kritik läßt allzu sehr diesen entscheidenden Unterschied außer acht. Bewertete Einstellungen sind aber für das Handeln konstitutiv. Mark Twain bereits wunderte sich darüber, daß Tütenkleben Arbeit sei, doch die Montblanc-Besteigung Sport.

In der dritten Interpretation des Leistungsprinzips durch Marcuse, der Deutung als eines Selbstbekräftigungskriteriums, zählt die sportliche Leistung durchaus zum »Leistungsprinzip«. Alles Gesagte über die »libidinös besetzte« Tätigkeit wäre auch hier anzuführen.

Bevor aber auf diese Deutung ein wenig ausführlicher eingegangen werden kann, muß noch anhand der oben skizzierten Kritikpunkte der Sozialkritik am »Leistungsprinzip« im Berufsbereich erörtert werden, wieweit diese Kritik auf die sportliche Leistung zutrifft. Zum Punkt 1 der obigen Kritik ist zu sagen: Die sportliche Leistung wird im allgemeinen (von extremen Ausnahmen abgesehen) nicht dem Individuum unter Zwang abgepreßt. Zu Punkt 2: Als Resultat ist der sportliche Erfolg, die sportliche Leistung, durchaus noch eindeutig dem Individuum als dessen Werk zuzuschreiben – im Gegensatz zur »Leistung am Fließband«. Nur der einzelne Athlet kann die Leistung vollbringen, die Leistung ist unverwechselbar durch eine personale Tat zustande gebracht – sie ist nicht zu erschleichen. Nationale Schritthilfe erleichtert, aber ersetzt diese nicht. Selbst wenn der Erfolgswert der Leistung im Vergleich mit besser geförderten Konkurrenten sinkt – die individuelle Zurechenbarkeit der sportlichen Leistung wird dadurch ebensowenig vermindert wie deren emotionale Besetzung, deren Attraktivität für den Athleten selbst. Leistungsstre-

ben, Leistungsfreude, Leistungsstolz und ihre Bedeutung
für die Selbstbewährung lassen sich nicht einfach fortdisku-
tieren. Sie sind psychische Realitäten. Zu Punkt 3: Die
Chancengleichheit im sportlichen Wettbewerb ist zwar auch
durch nationale und soziale Förderungsmaßnahmen er-
schwert, aber doch noch eher angenähert als bei dem beruflichen »Start ins Leben«. Dies gilt zweifellos nur für die
Teilnehmer, die bereits motivierten und geübten Sportler
selbst, nicht für alle, die sich potentiell an einem Wettbewerb beteiligen könnten.

Die Kritikpunkte, die sich gegen die Anwendbarkeit des
Leistungsprinzips im Berufsbereich richteten, können also
auf den Sport und die sportliche Leistung kaum übertragen
werden. Sowohl emotionale Besetzung als auch personale
Zurechenbarkeit sind hier durchaus gewährleistet. Die
Chancengleichheit ist in Grenzen relativ eher anzunähern
als in fast jedem anderen sozialen Bereich.

Der 4. Punkt der Kritik, der sich gegen die allzu perfekte
Durchsetzung des Leistungsprinzips und gegen eine totale
»Leistungsgesellschaft« richtete, kann ebenfalls nicht zu
einem Argument gegen den Leistungssport als soziales Phänomen ausgenutzt werden. Denn dieser fordert keineswegs
eine totale »Leistungsgesellschaft«, selbst wenn er sich als
sozialer Teilbereich in eingeschränkten Aspekten nach Leistungskriterien ausrichtet. Er fordert keineswegs, daß alle
anderen sozialen Bereiche nach Leistungskriterien zu gliedern und zu bewerten sind, noch, daß jeder einzelne
Mensch nur als Leistungssubjekt etwas zu gelten habe, selbst
wenn innerhalb der sportlichen Disziplinen eine Bewertung
des Individuums in seiner Rolle als Leistungsträger vor-
herrscht.

Allenfalls könnte man Argumente richten gegen die Auffassung des Leistungssports als eines idealen Modells der
»Leistungsgesellschaft«, wie es von Adam und v. Krockow
vertreten wurde.

Adam deutet »das Leistungsverhalten [...] im Sport als

Modell [...] für [...] Leistungsverhalten überhaupt«: Die Rangordnungsverbesserung durch den objektiven, als gerecht empfundenen Leistungsvergleich vereinigt die zunächst antagonistisch erscheinenden Prinzipien der Gleichberechtigung und der differenzierten Rangzuweisung. In einer idealen Leistungsgesellschaft würden nach Adam »alle Rangordnungen auf Leistungsvergleich beruhen«. Absolute Objektivität des Vergleichs (besonders verschieden*artiger* Leistungen) ist unmöglich. Im Leistungssport läßt sich diese Objektivität aber modellhaft noch am besten annähern (durch Messung, Herbeiführung einer entscheidenden Situation oder Abzählung erfolgreicher Versuche – weniger oder kaum objektiv durch Punkt- und Gruppenbewertungen aufgrund subjektiver Urteile). »Der Mechanismus der Selbstbestätigung« durch eigene Leistung stabilisiert nach Adam das »Selbstwertgefühl« – besonders in der Überwindung bewußt herbeigeführter Unlusterlebnisse und Widerstände im sportlichen Training. Im Leistungssport wird zudem exemplarisch Leistungsverhalten geschult, das für die Arterhaltung und Glücksbilanz der Menschheit angesichts wachsender Bevölkerungsprobleme unerläßlich ist, meint Adam.

Während Adam das Modell des Leistungssports mehr in pädagogischer und sozialpädagogischer Hinsicht analysiert, geht v. Krockow[3] mehr auf eine soziologische und sozialphilosophische Deutung ein: »Leistungssport – ein Produkt der industriellen Gesellschaft« – diesen fast trivialen soziologischen Satz erweitert v. Krockow zu dem philosophischen, »daß der Leistungssport [...] die symbolisch konzentrierteste Darstellung ihrer Grundprinzipien ist«. »Exaktheit, Idealität«, »Objektivität«, Chancengleichheit, Meßbarkeit und Vergleichbarkeit, Anschaulichkeit, Allgemeinverständlichkeit der Leistungen dokumentieren nirgends so klar wie im Sport symbolträchtig die Prinzipien der Leistungsdifferenzierung (d. h. der Zurechnung eines sozialen Ranges aufgrund individueller Leistungen), das

Konkurrenzprinzip und doch auch die Gleichberechtigung angesichts der Ausgangschancen (Chancengleichheit). Gleichberechtigung ist natürlich hier wie auch sonst nicht zu verwechseln mit tatsächlicher Gleichheit der Chancen. »Leistung, Konkurrenz, Gleichheit. Was den modernen Sport so symbolträchtig macht, ihm Faszinationskraft verleiht, ist nicht zuletzt die Exaktheit, um nicht zu sagen die Idealität, mit der er diese Grundprinzipien der Industriegesellschaft verwirklicht;«[4] v. Krockow meint sogar:[5] »Der Sport bringt die Prinzipien der Industriegesellschaft weit besser zum Ausdruck als diese selbst«: Die Objektivität und auch Durchsichtigkeit des Leistungsvergleichs, wie sie im Sport nahezu perfekt verwirklicht sind, finden sich nirgendwo in anderen Bereichen der komplexen, fast unüberschaubaren industriellen Gesellschaft auch nur annähernd so vollkommen dargestellt. Die Leistungen des Forschers können nur von Experten gewürdigt werden, die Prominenz unserer Publicity-Gesellschaft täuscht Leistungen oft durch Selbstreklameakte vor. Doch hier – im Sport – wird »der Rekordsprung jedem verständlich, dreifach nachgemessen, optisch in jedes Haus getragen«.[6]

Der Sport also als Idealtypisches (reines idealisiertes, pointiert darstellendes) Modell der sogenannten »Leistungsgesellschaft«. Diese Modellthese scheint bestechend: Sie erklärt nicht nur die Faszination des Sports und seine stürmische Entwicklung parallel mit der Industriegesellschaft selbst. Sie macht auch den Protest der Sozialkritik verständlich, die das sogenannte Leistungsprinzip und den Leistungssport zugleich und in gleicher Weise kritisiert. Diese Modellthese verträgt sich außerdem mit der relativen Abtrennung oder »Weltausgrenzung« (v. Krockow) des Sportbereichs vom sogenannten Ernst des Lebens, vom Arbeitsbereich. Modellcharakter und relative Eigenweltlichkeit können sehr wohl zusammengehen.

Andererseits trifft auch diese These auf gewisse Schwierigkeiten: Zu leicht wird übersehen, daß die sogenannte »Lei-

stungsgesellschaft« in zentralen Zügen eine *Erfolgs*gesellschaft publizitär verkaufter Scheinleistungen und Karrieren
ist, zumal die berufliche und gesellschaftliche Leistung
kaum mehr dem einzelnen allein zugeschrieben werden
kann: Team, Konjunktur und System bilden gesamtgesellschaftliche Leistungsdeterminanten. Wir leben nicht in der
idealisierten, öffentlich deklarierten Leistungsgesellschaft,
sondern in einer Erfolgsgesellschaft: Weniger die wirklich
personal vollbrachte Leistung zählt zur Statusgewinnung
als eher die *soziale Wirkung* von Leistungen, der Erfolg
oder gar der Schein der Leistung oder des Talents, unter
Umständen die Publizität vermeintlicher Leistungen (Wahl-
erfolge). Publicity als Leistungsersatz? Ist sozialer Erfolg
schon Leistungsnachweis? Sicherlich gilt diese Gleichsetzung
von Publicity, Erfolg und Leistung in erster Linie für Vertreter der oberen Mittelschichten, verantwortungsbeladene
Angestellte und aufstiegsmotivierte »Leistungsmenschen«.
Für die unteren Schichten werden Leistungsanforderungen
auch immer mehr in standardisierte und routinisierte Norm-
überwachungsfunktionen übergeführt, die es nicht erlauben,
durch eigene Leistungen aus dem Gros herauszuragen, sich
auszuzeichnen; sondern deren oberstes Erfordernis scheint
die Vermeidung von Störungseffekten und die Einhaltung
mittlerer Normen möglichst ohne Reibungsverlust zu sein.
Deuten sozial Aufsteigende das Leistungsverhalten eher
unter dem Gesichtspunkt sozialer Erfolgstüchtigkeit, so
scheint für Mitglieder unterer Schichten die geforderte
»Leistungsorientierung« zumeist in dem Postulat möglichst
störungsfreier Ein- und Unterordnung in komplexe Orga-
nisationsprozesse enthalten zu sein.
Ichheiser hatte bereits 1930 in seiner *Kritik des Erfolges*
klar zwischen Leistungstüchtigkeit und Erfolgstüchtigkeit
unterschieden. Er hat auch auf die Verschleierungsmecha-
nismen verwiesen, die dazu führen, daß die machiavellistische Ausnutzung der Erfolgstüchtigkeit und die damit ver-
bundenen, meist verdeckten Normverletzungen unsichtbar

die ohnehin Erfolgstüchtigen oder Bevorteilten weiterhin begünstigen und daß all das jenen nicht etwa als Erfolgsglück, sondern von anderen (und von ihnen selbst) als persönliches Leistungsverdienst zugerechnet wird. Die soziologischen Bedingungen und sozialpsychologischen Faktoren aller dieser Abänderungen des »Leistungsprinzips« sind bisher nicht genügend untersucht worden. Erst in allerneuester Zeit geht die psychologische Theorie der Attribuierung (Weiner u. a.) näher auf diese Fragen ein, indem sie untersucht, unter welchen Bedingungen welche Persönlichkeitstypen Erfolge sich selbst als persönliche Leistungen zuschreiben oder eher Glücksumständen zu verdanken glauben.

Sind diese erwähnten Abweichungen vom idealisierten Leistungsprinzip der Grund für die besondere Faszination des Leistungssports? Stellt sich in der sportlichen Leistung sozusagen noch relativ rein dar, was in der beruflichen und öffentlichen Leistungsbewertung des einzelnen nicht mehr einlösbar ist: Die individuelle Zuschreibbarkeit, das »lustvolle« Erfolgserleben, scharfe Kontrollen oder das Fehlen von Möglichkeiten zum Betrug und zur Korrumpierung sowie die Abwesenheit echter Abhängigkeiten im Sinne der Machtunterwerfung?

Die neue Sportkritik der siebziger Jahre bezieht den skizzierten Modellcharakter des Sports für die idealen Prinzipien einer Leistungsgesellschaft meistens ausschließlich auf sogenannte kapitalistische Leistungsgesellschaften. Dieses ist fraglos eine einseitige Einengung, da sozialistische Industriegesellschaften oder besser: staatskapitalistische Gesellschaftssysteme im Grunde noch mehr auf das Höherschrauben von Leistungsnormen eingeschworen sind und dem einzelnen eher noch schärfer solche Normenerfüllungen zumuten. Das gilt gerade auch für den Leistungssport in sozialistischen Ländern.

Die Sozialkritik am Sport wendet sich nicht gegen *jede* Leistungsforderung, sondern nur gegen die Ideologie der

Leistungsgesellschaft, die alle anderen Bedürfnisse der Leistungssteigerung unterordnet und die ausschließlich auf Sicherung und Schaffung von Privilegien klassenbedingter Art ausgerichtet ist. Insbesondere wird von ihr ein klassenkämpferisch motiviertes Leistungsstreben ausdrücklich anerkannt. Zugegeben, die totale Leistungsgesellschaft wäre schrecklich: Die Konkurrenz aller gegen alle in allen Belangen – der Mensch dem Menschen ein Wolf – Hobbes' Urvision würde wahr. »Leistungsgesellschaft« jedoch ist nur ein utopisches Modell, nicht rein zu verwirklichen, aber in manchen Teilbereichen wie im Sport ein relativ ideales Orientierungssymbol unter anderen und zusätzlich zu anderen Leitmodellen. Es kann sicherlich nur auf begrenzte soziale Bereiche und auch nur in idealtypischer Einschränkung angewendet werden, schließlich lediglich auf solche sozialen Bereiche, die durch Konkurrenzvergleiche ausgezeichnet sind. Leistungsgesellschaft ist nicht ein, geschweige denn *das* Modell für die Gesamtgesellschaft »in der Nußschale«. Es ist sicherlich nicht erstrebenswert, den Menschen als Ganzen nur nach Leistungen in eingegrenzten sozialen Bereichen, lägen diese nun im Beruf oder etwa im Sport, zu beurteilen. Auch sollten nicht alle Mitglieder einer Gesellschaft dem Leistungszwang auch nur in beschränkten Bereichen unterworfen sein. »Leistungsgesellschaft« in manchen modellhaften Bereichen muß nicht »Leistungszwangsgesellschaft« im Totalen sein. Zwar kann auch unsere Gesellschaft noch auf längere Zeit nicht auf gewisse Leistungszwänge verzichten. Doch dieses steht auf einem anderen Blatt.

Aber Wissenschaft, Kunst und Sport könnten Leistungsbereiche individuell differenzierter Auszeichnungsmöglichkeiten sein, Möglichkeiten für lustvoll getönte, »libidinös besetzte« (Marcuse) Tätigkeiten sein, die zur Selbstbekräftigung, sozialen Selbstdarstellung und in diesem Sinne zur stabilisierenden Entwicklung der Persönlichkeit dienen können. Sogar Marx' Anthropologie des schöpferischen, frei gestaltenden Menschen, am Idealbild des Wissenschaftlers und Ingenieurs entwickelt, ist auch mit dem idealen Rollenbild des Leistungssportlers vergleichbar, dessen freie »Selbstbetätigung«, dessen Möglichkeit, seine Leistung relativ frei zu gestalten und in gewissem Sinne seine Persönlichkeit darin zu spiegeln und zu entfalten, nicht durch eine These vom vollendeten und übertriebenen Leistungszwang im Leistungssport verdrängt werden kann. Dabei ist keineswegs geleugnet, daß in manchen, besonders dem öffentlichen Interesse und dem öffentlichen Druck unterworfenen Sportarten und Disziplinen Tendenzen eines quasi-moralischen öffentlichen Leistungsdrucks oder verbandsdirigistischen Machtautoritarismus und entsprechende Einflüsse auf Athleten festzustellen sind.

Fraglos hat die neue Sportkritik in einem recht: Der Begriff der »Leistungsgesellschaft« wie auch der des sogenannten »Leistungsprinzips« wurden bisher einfach unbefragt unterstellt und nicht näher sozialphilosophisch untersucht. Dies führt auch zu der teilweise grotesk weltfremden und überpointierten Schwarzweißanalyse des Leistungssports. Eine bisher noch nicht existierende Philosophie der Leistung hätte hier noch viel Arbeit genauerer Unterscheidungen, nötiger Differenzierungen und abgewogenerer Urteilsbildungen zu leisten.

Nach dieser kritischen Analyse ist klar: Man kann es sich nicht so einfach machen wie Günter Grass und einfach behaupten, daß das »kollektive Leistungsprinzip« ebenso wie im Berufsbereich zwanghaft die Athleten antreibe und »Leistungsterror« und »Sachzwang« sie ihrer eigenen Entscheidung und Handlungsgestaltung beraubten. Von nicht zu leugnenden extremen Fällen abgesehen, identifiziert sich der Athlet in höchstem Maße mit seinen sportlichen Leistungen – insbesondere auch mit denen im Training, die kaum öffentliches Aufsehen erregen. Er empfindet Lust an der Bewältigung von Aufgaben, die ihm unter dosiertem Risiko alle Tatkraft abverlangen. Er identifiziert sich voll mit diesem seinem subjektiv frei gewählten Verhalten. Die Zwangsthese kann sich also nur auf eine Manipulationsthese zurückziehen: Die Leistungssportler seien eben frühkindlich durch Erziehungseinflüsse zum Leistungsverhalten gedrillt worden, das unsere Kultur positiv prämiiert. Nun, sicherlich sind die Leistungssportler hier nicht mehr manipuliert als jeder andere, der in der abendländisch-industriellen Gesellschaft aufgewachsen ist. Sicherlich müßte man dann jede Erziehung in bestimmtem Sinne als Manipulation ansehen – und niemand wäre mehr »frei« zu nennen, jeder wäre in jeder Hinsicht »manipuliert«. – Empirisch ist »Manipulation« von Erziehung kaum zu trennen. Nur *relative* Freiheit ist feststellbar daran, daß sich der bereits verantwortlich Urteilsfähige zu einer Entscheidung bekennt, diese als seine eigene übernimmt und eben verantwortet. Dieses muß moralphilosophisch als *seine* Stellungnahme anerkannt werden, selbst wenn es sich bei der zu verantwortenden Entscheidung teilweise um eine glückliche Illusion handeln sollte.

Selbstverständlich treten akute Probleme bei Jugendlichen und Heranwachsenden auf, die die Problematik eines exzessiven Leistungstrainings noch nicht übersehen und beurteilen können. Heutzutage ist in manchen Disziplinen, angefangen vom Schwimmen bis hin zum Turnen, ein so hohes Trainingspensum selbst in einem jugendlichen Alter von 10–12 Jahren erforderlich, daß Vereinseitigungserscheinungen, Drill und Abhängigkeit von autoritären Entscheidungen, von Eltern oder Trainern, nicht für alle Fälle auszuschließen sind. Dennoch sollte das Leitziel jeweils sein, auch das Kind nicht gegen seinen eigenen Willen zu zwingen, möglichst stets mit ihm (und sei es in vorbereitender Weise) faßliche Probleme des Trainings kritisch zu diskutieren und die Urteilsfähigkeit allmählich dahin zu entwickeln, daß das Kind dann später selbst eine relativ freie Stellungnahme und Entscheidung treffen kann. Auch ein Trainer muß bereit sein, einen Sportler auf Probleme hinzuweisen und ihm unter Umständen den Rat zu geben, lieber einen anderen Weg der Selbstentwicklung zu wählen, wenn der sportliche ihm zu zwanghaft erscheint. Ganz abgesehen davon ist kaum das Erzielen von Höchstleistungen möglich, wenn man sich nicht voll mit dem Training und mit dem Sinn dieser Tätigkeit identifiziert. Zur Weltjahresbestzeit oder auch zur je persönlichen Bestleistung im Marathonlauf kann man niemanden *zwingen*. Selbstbestimmte Leistungsmotivation (soweit sie relativ möglich ist) ist dem fremdbestimmten Leistungszwang immer dann durchaus überlegen, wenn auf längere Sicht der volle Einsatz der Person Bedingung des Leistungserfolges ist. So ist das »demokratische Training« keineswegs eine utopische Fiktion: Es wurde in manchen Mannschaftssportarten schon seit längerem eingeführt und fortentwickelt, obwohl es schwieriger sein dürfte, eine Mannschaft unter diesem Orientierungsziel zu leiten als etwa einen Athleten einer Einzeldisziplin. Auf die Möglichkeit, modellhaft demokratisches Verhalten in der sportlichen Kleingruppe zu üben, soll hier nicht weiter eingegangen werden.

Jedenfalls ist klar, daß die bloße systemstabilisierende Ausgleichsfunktion und Vehikelfunktion des Sports zur Regenerierung der Arbeitskraft sowie die ablenkende, manipulierende und entpolitisierende Wirkung des Sports, wie sie die neue Sozialkritik entsprechend der obigen Darstellung als charakteristisch und als allein charakteristisch für den Leistungssport ansieht, nicht dieses komplexe soziale und psychosoziale Phänomen im ganzen treffend beschreiben können.

Die Spitzensportler werden zwar auch als Repräsentanten der Nation angesehen, aber diese Funktion wird ihnen in erster Linie von der öffentlichen Meinung aufprojiziert. Doch dies bedeutet nicht, daß sie »zu maschinellen Medaillenproduzenten«, zu »leistungsfähigen Muskelmaschinen«, zu luxurierten Leistungsbiestern und »Reproduktionssymbolen des politischen und ökonomischen Systems« werden und zu weiter nichts. Nicht nur ist ihr psychisches Erleben und die Bedeutung des Sports für die Entwicklung und Stabilisierung ihrer Persönlichkeit anders zu sehen, sondern der Sport gewinnt unter kulturphilosophischem Aspekt auch noch einen anderen Sinn: Als ein moderner herakleisch-prometheischer Mythos des wagenden tatkräftigen Handelns verkörpert er in sich die archetypische Rollendynamik des Wettkampfes und des Leistungshandelns sinnbildlich ähnlich, wie sich das Leben für die antiken Griechen in einem ihrer großen klassischen Schicksalsdramen spiegelte. Doch diese Interpretation des Leistungssports ist noch wenig entwickelt.[7]

Die sozialphilosophische Diskussion des Sports und des Leistungsverhaltens ist gerade erst begonnen worden. Sie aus der bloßen Polarisierung des Schwarzweißdenkens, des »pro und contra« herauszuführen, ist Aufgabe einer detaillierten Analyse und Kritik in der Zukunft. Bemerkenswert ist insbesondere, daß die Gesellschaft, die sich selber als »Leistungsgesellschaft« versteht, über keinerlei ausgearbeitete, geschweige denn fundierte Philosophie der Typen des Leistungsverhaltens verfügt. Mutigen philosophischen Konstruktionen steht hier noch ein weites Betätigungsfeld offen.

Anmerkungen

1 Rigauer (1969) S. 18.
2 Marcuse (1970) S. 152.
3 v. Krockow (1962) S. 58 ff. und 52 ff.
4 v. Krockow (1972) S. 94.
5 Ebd., S. 96.
6 Ebd., S. 95.
7 Vgl. Lenk (1972); s. auch den folgenden Beitrag- S. 176, 189, 191 f.

Literatur

Adam, K.: Nichtakademische Betrachtungen zu einer Philosophie der Leistung. In: Leistungssport 11. Nr. 1 (1972) S. 62–68.

Böhme, J.-O. / Gadow, J. / Güldenpfennig, S. / Jensen, J. / Pfister, R.: Sport im Spätkapitalismus. Frankfurt a. M. 1971.

Gebauer, G.: »Leistung« als Aktion und Präsentation. In: Sportwissenschaft 2 (1972) S. 182–203.

Grass, G.: Sport ohne Stoppuhr. In: DSB (Hrsg.): Deutscher Sport 2. München 1971. S. 18 ff.

Hack, L.: Was heißt schon Leistungsgesellschaft? In: Neue Kritik 7. Nr. 3 (1966) S. 23–32.

Ichheiser, G.: Kritik des Erfolges. Leipzig 1930.

Krockow, C. v.: Der Wetteifer in der industriellen Gesellschaft und im Sport. In: Ausschuß Deutscher Leibeserzieher. (Hrsg.): Der Wetteifer. Frankfurt a. M. / Wien 1962. S. 48–63.

Krockow, C. v.: Sport und Industriegesellschaft. München 1972.

Lenk, H.: Leistungssport: Ideologie oder Mythos? Stuttgart [usw.] 1972.

Lenk, H.: Sozialphilosophie des Leistungshandelns. Stuttgart [usw.] 1976.

Marcuse, H.: Triebstruktur und Gesellschaft. Frankfurt ²1970.

Offe, C.: Leistungsprinzip und industrielle Arbeit. Frankfurt 1970.

Rigauer, G.: Sport und Arbeit. Frankfurt 1969.

Stellungnahme zum Sport in der Resolution zum Parteitag Bremen 1971. In: Jungsozialisten. Bremer Beschlüsse. Bonn 1971. S. 20–24.

Herakleisch oder prometheisch?
Mythische Elemente im Sport

Eine mythologische Deutung der Zuschauerfaszination

Eine ästhetische Deutung des Sports wurde von Barthes (1964) skizziert. Vom Standpunkt des Zuschauers aus können sportliche Wettkämpfe als eine moderne Variante dramatischer Kämpfe zwischen heroischen Rollen von fast archetypischer symbolischer Wirkkraft aufgefaßt werden. In der Tat: Wie das Sportpublikum Wettkämpfe sieht, aufnimmt, mit- und wiedererlebt – das ähnelt dem dramatischen Erlebnis eines mythischen Epos, erfüllt und leidenschaftlich geladen durch das Zusammenspiel von sozialer Konfrontation und Verbindung, von Parteinahme und persönlicher Identifikation. Den Sportwettkampf erfährt der Zuschauer als ein Stellvertreter, als stellvertretender Teilnehmer – ähnlich, wie er ein Drama auf der Bühne erlebt. Barthes beschrieb die Tour de France und deren Rezeption vom Publikum als die eines dramatischen Epos. Die Heroen des Epos sind die Radrennfahrer. Aber sie sind auf ihre »charakteristischen Essenzen«, auf ihre wesentlichen Merkmale, eingeschränkt, deren »ungewisser Konflikt« das Thema des Epos ist, aufgeführt in einer homerischen Landschaft, ausgefochten von stilisierten »Supermännern«, von ihren Vasallen begleitet und unterstützt. Als strenge Träger ihrer Rollen treten die so reduzierten Helden gegeneinander und gegen die Natur an. Elemente, Rollen, Landschaften werden personifiziert, die Wettkämpfe sind irgendwie »naturalisiert«, stilisiert als verkörperte quasinatürliche Kräfte oder als Spielball der Naturmächte in einer Welt, in der nur vier Bewegungen zählen: »zu führen, zu verfolgen, voranzupreschen, zurückzufallen.«[1] Barthes und Magnane (1964) betonten die »mythische« Bedeutung des Sportwettkampfes für die Zuschauer. Beide

verbanden diese Deutung mit einer Kompensationsthese: Das stellvertretende Erleben von Sportwettkämpfen bietet Ausgleich und Ersatz für alltägliche Frustration und Monotonie. Nach Barthes drücken die »Mythen des Sports« eine Versöhnung und Befreiung des Menschen aus – und zwar in genauer und vollkommener Klarheit.[2] Magnane deutet die »modernen Mythen des Sports« viel allgemeiner als »ein vollständiges Projektionssystem«, das dem Zuschauer, dem Sportfan, dazu dient, die Welt zu erklären und sich stellvertretend mit den Werten einer »inoffiziellen« Kultur zu identifizieren. Dieses Projektionssystem mobilisiert nicht nur »die psychischen Kräfte«, die das berufliche und familiäre Leben des gemeinen Mannes außer acht läßt, sondern es bietet dem Sportanhänger auch eine Grundlage für »die Erklärung der Welt«. Entfremdet von der seinem Zugriff, seinem Überblick entweichenden »offiziellen Kultur«, sucht dieser Mann des Durchschnitts versuchsweise, zaghaft nach den Grundsteinen einer anderen Kultur, die sich auf Werte gründet, die er sicher verstehen kann. Und diese *seine* Kultur entdeckt er im Sport und in den Bereichen der Massenmedien, die diesen verbreiten, stilisieren, tragen. Die Verbindung bedeutsamer sportlicher Handlungen wird zu einer besonderen »Menge von Zeichen«. In dieser »anderen Kultur«, in dieser »sportlichen Mythologie« nimmt der Ungebildete »Rache« und findet eine Art Entschädigung für Benachteiligungen durch das Schicksal im wirklichen Leben. In diesem Umkehrbild von der Realität findet er umfassenden Ausgleich und eine Quelle von Vertrauen und Selbstvertrauen. Magnane hebt sogar hervor, die »sportliche Mythologie« erfülle die Funktion, frustrierten Menschen »in einem vorkulturellen Stadium« einen Zugang »zur Ontologie« zu bieten.[3]
Diese metaphorischen Deutungen von Barthes und Magnane, die eine recht grobe Kompensationsthese über die Ersatzfunktion stellvertretender Sporterlebnisse umfaßt, müssen weiter ausgearbeitet und genauerer Untersuchung

unterworfen werden. Die Wirksamkeit von Mythen kann nicht nur auf eine einzige Ausgleichsfunktion zurückgeführt werden. Magnanes eigene These, die er jedoch nicht im einzelnen analysiert, stellt fest, daß sportliche Mythen »eine Menge von Zeichen« sind, durch die der Sportanhänger sich, für sich, erklärt, wie die Welt funktioniert.[4] Magnanes einzige Bezugnahme auf die kathartische Funktion im Sinne der antiken Theorie des Theaters hätte als ein Ausgangspunkt für eine genauere Analyse dienen können. (Aristoteles' Theorie über den kathartischen – reinigenden – Effekt der Tragödie behandelt zwar nicht die Kompensation für Alltagsfrustrationen, sondern nach Aristoteles rekonstruiert das Drama die unpersönlichen Mythen der Götter. Es hat religiöse Bedeutung und vermittelt Katharsis als eine Reinigung des Zuschauers von übergroßer Furcht und Leidenschaft. Dennoch kann die Katharsistheorie in analoger Weise auf den Sport angewendet werden, indem sie ihn als Bereich für symbolische, »mythologische« Rollenkonfrontationen und dramatische Inszenierung faßt.) Das »Drama« des modernen Leistungssports zeigt Wirkungen, die dem des antiken Theaters gleichen, obwohl eine ganz andere, nämlich nicht religiöse Grundsituation vorliegt. Hingerissen, mitgerissen, wird der leidenschaftliche Anhänger von anderen sozialen und auch persönlichen Problemen entlastet, indem er sich stellvertretend in dem archetypischen Kampf zwischen einander entgegengesetzten Rollen innerhalb eines eingeschränkten Bezugsrahmens engagiert, sich mit dem Geschehen und einer Partei identifiziert und im Kampf zwischen einfach stilisierten, leicht verständlichen sportlichen Heldenrollen seine eigene Problemsituation symbolisch gespiegelt sieht – wenigstens einiges von der Spannung, der Konfrontation gespiegelt, dem Streß, der Angst, der Dynamik von Gewinn und Verlust, also den dramatischen Spannungen, denen er im Alltag unterliegt.

Auch das »Leistungsprinzip«, das Konkurrenz und Meßbarkeit, das Gewinn und Verlust, Sieg und Niederlage betont, aber im Alltag kaum rein verwirklicht wird, findet sich in idealtypischer Abstraktion, sozusagen in »reiner« utopischer Konstruktion im Leistungsverhalten des Sports. Das sportliche Leistungsprinzip kann daher angesehen werden – und bei v. Krockow und Adam geschieht das auch – als das »reine Wesen« des Leistungsverhaltens in Idealform, dessen Standardisierung und Bewertung durch symbolische Verkörperung innerhalb eines Verhaltensbereiches verwirklicht werden, der strikte Meßbarkeit, Sichtbarkeit und Übersichtlichkeit und schließlich ein einfaches Verstehen gewährleistet. Andererseits wird die idealisierende Abstraktion hierbei nicht so weit geführt, daß man die Beziehungen, Ähnlichkeiten und Analogien dieses stilisierten Verhaltensmodells zu entsprechenden Verhaltensweisen im Alltagsleben aus dem Blick verliert. Ähnlichkeiten sind gegenwärtig, derart sichtbar und eindrücklich, daß für den Zuschauer die Identifikation des dramatisch vorgeführten Geschehens mit seinen eigenen Zielen und Verhaltensmustern möglich, ja gewährleistet ist, zumal er sich mit den sportlichen Vertretern seiner Gruppe identifiziert. Daher kann man über Barthes' »Wesenscharaktere«, d. h. über die »mythische« Stilisierung von Rollen und Rollenträgern, hinaus ähnlich stilisierte, abstrakt-»reine« Verhaltensmuster und formale Grundlinien von deren Leitprinzipien finden, die gleichsam »interaktionale Essenzen«, reine Idealformen bzw. Idealnormen der rollenhaften Wechselbeziehungen und des Wechselspiels im Modell der sportlichen Konfrontation finden und im Wettkampf des Leistungssports, besonders des Höchstleistungssports, ihren archetypisch-mythischen Ausdruck finden. Wird der Sport so als ein Modell einer »Leistungsgesellschaft« gedeutet – und zwar in dieser »mythischen« und idealtypischen (d. h. pointiert, selektiv eingeschränkten und doch sichtbaren dynamischen) Verkörperung, so kann dies zu Recht als die Deutung eines »Mythos« verstanden werden. Die Deutung selbst, die Analyse, kann dann »mythologisch« heißen.

Der Ausdruck ›Mythos‹ ist mehrdeutig. Magnane kümmert sich nicht darum, die Ausdrücke ›Mythos‹ oder ›Mythologie‹ überhaupt zu definieren. Er bezieht sich implizit auf charakteristische Züge von »Mythen«, d. h. auf kulturhistorisch entwickelte Modellfiktionen, die Sinn und Bedeutung bilden und vermitteln, indem sie in typischen Beispielen und Verkörperungen in sichtbarer Modellierung und in Bildern dargestellt werden und dadurch die Projektionsmöglichkeiten und die Erklärungskraft dieses Zeichensystems bewirken. ›Mythos‹ wird dagegen im vorliegenden Beitrag nicht im Sinne von ›Weltanschauung‹ noch als ein ideologisches System von Aussagesätzen verstanden, das dazu dient, für das Erkennen Erfahrungsresultate und wertende Überzeugungen zu rechtfertigen, sondern ›Mythos‹ bezeichnet hier ein Modell, das normative Entwürfe, Projektionen und Wertungen symbolisiert und aufzeigt, wie sie sich historisch in der kulturellen Tradition entwickelt haben. Die Symbolisierung wird in typischen strukturierten Beispielsituationen verkörpert und durch die dramatische Inszenierung in diesen relativ vertrauten Gegensatzstrukturen dargestellt. Mythen enthüllen und bilden Sinn und Bedeutsamkeit für weniger vertraute Phänomene durch Rückgriff auf vertraute Prinzipien. Während Ideologien eher der kognitiven, zielerkennenden Orientierung, dem Erkennen des Selbst und der Welt dienen, liefern Mythen durch Beispiele eine normative Sinnkonstitution und zielsetzende Idealbilder in typischen wahrnehmbaren Formen. In diesem Sinne und auch in gewissem Gegensatz zu Barthes'[5] Konzeption wirken Mythen weniger in geschlossenen und hierarchischen Aussagesystemen als durch ihre stilisierende, selektive und sinnkonstituierende Funktion in sozialen Systemen und Handlungssystemen. Ihre Wirkungen können daher »mythische Funktionen« für die Systeme von Handlungsmustern und für Sozialsysteme genannt werden. Doch man kann Barthes insoweit folgen, als der Konsument eines Mythos Sinnbildung in einer kausalnaturalistischen Weise deutet und »Bedeutung« »als ein System von Fakten« versteht: »Mythos wird als ein System von Tatsachen verstanden, obwohl er nur ein Zeichensystem darstellt«, d. h. ein System, das Sinn, Bedeutung und Bedeutsamkeit bildet und vermittelt.[6]

Alles was bisher über die symbolisch-mythische Funktion gesagt worden ist, sollte nicht mißverstanden werden, als spiegele der Sport wahrhaftig, exakt oder gar strukturgleich die Prinzipien, nach denen eine Industriegesellschaft bzw. eine »Leistungsgesellschaft« strukturiert ist. Überhaupt hat die Feststellung empirischer Resultate über soziales Verhalten wenig mit dieser »mythologischen« Deutung zu tun, die sich ja mehr auf normative Bewertungen und Sinnkonstitution konzentriert.

»Sport ist ein Mikrokosmos« und »ein Spiegel sozialer Prozesse« meinte VanderZwaag (1972; 1972a). Zwar ist seine These, daß die Bedeutsamkeit des Sports für das Individuum sich aus Deutungen und Projektionen sozialer Prozesse herleitet, durchaus zutreffend für den Sportzuschauer. Darüber hinaus aber ist der Sport als eine symbolische mikrokosmische Darstellung archetypischer Rollendynamik und ihrer Funktion als eines modernen »Mythos« in Betracht zu ziehen. Nur dieser zusätzliche Aspekt, der die Mikrokosmosbehauptung auf einer semantischen Ebene verfeinert, scheint in der Lage zu sein, die Faszination des Leistungssports zu erklären. Sie ist leicht verträglich mit der oben zitierten Einsicht, daß Rollen hier auf ihre einfachsten Darstellungen und Konfrontationen reduziert sind. Gegnerschaft, Kampf, in-group, out-group, Sieg oder Niederlage – alle diese Phänomene stellen Alles-oder-nichts-Alternative dar: Die menschliche Tendenz, Zweiereinteilungen (Dichotomien) aufzubauen und zu beobachten und Binnengruppen gegen Außenseiter zu stellen, bietet zweifellos ein Artikulationsfeld für dramatische »mythische« Verkörperungen in sichtbaren Darstellungen.

Die Behauptung, Sport sei ein Mikrokosmos sozialer Pro-

zesse, scheint, wenn sie wörtlich verstanden wird, zuviel
Betonung auf die Darstellung, auf eine Abbildungsfunktion
zu legen. Sie vernachlässigt den normativen Zug des Modells, das »Mythische«, das Archetypische und das Abstra-
hierende. Die Mikrokosmoshypothese ist beschreibend, empirisch und somit theoretisch-sozialwissenschaftlich. Als
solche aber ist sie zu allgemein und zu vage. Eine philosophische Deutung kann nicht vollständig in eine empirisch-
wissenschaftliche Beschreibung oder Erklärung aufgelöst
werden. Sport und sportliches Handeln sind nicht nur
Normalleben in einer »Nußschale«; sie stellen nicht in erster
Linie einen Brennpunkt alltäglicher Existenz dar. Der Leistungssport etwa als Handlungs- und Lebensmuster bildet
zwar ein eigenes Muster, ein Verhaltensmodell, aber dieses
Modell ist zum Teil ein idealtypisches Modell pointierten,
in Extremanforderungen und Konfrontationen hochstilisier-
ten Lebens – ein Handlungsmuster, das kennzeichnende
Züge und archetypische Vorstellungen »mythisch« symbolisiert und in gewisser Weise übertreibt –, ein Modell exal-
tierten Lebens und persönlichen Einsatzes, das gerade *nicht*
typisch für Alltagsverhalten ist. Sport als ein »mythisches«
Modell des symbolgeprägten Leistungs- und Konkurrenz-
verhaltens wird von archetypischen Normen der Konfrontation und der dramatischen Inszenierung beherrscht. Aus
der Zuschauerperspektive kann diese »mythologische« Deutung eine wertvolle Teilerklärung liefern – wenigstens eine
plausible Erklärung der Faszination, die vom Hochlei-
stungssport ausgeht. Bereich und Gegenstandsreservoir sind
Projektionen, eine verhältnismäßig abgegrenzte Eigenwelt
von Symbolen und relative Absonderung vom Alltagsleben
– in diesem Sinne Mikrokosmos, aber nicht Spiegelbild –,
Anlaß für Identifikationsprozesse und dramatische Insze-
nierungen – alle diese Faktoren führen die erwähnte »mythologische« Interpretation zu einem einheitlichen Komplex
zusammen, und dieser kann daher als Erklärungsgrund für
die eigentümliche Stellung des Sports zwischen Alltagsver-

halten und abstrakten idealtypischen Handlungsmustern (etwa dem »reinen« Leistungsverhalten) dienen. So kann die »mythologische« Deutung die in gewisser Weise abgeänderte Mikrokosmosthese sinnvoll umfassen und in sich integrieren.

Eine »mythologische« Deutung der Rolle des Athleten

Die »mythische Funktion« und Deutung des Phänomens Sport bezieht sich, soweit sie bisher entwickelt wurde, nur auf die Rezeption von Sportwettkämpfen durch die Zuschauer. Der Athlet als Handelnder ist in dieser Deutung bislang außer acht gelassen worden. Sowohl Barthes als auch Magnane befassen sich nur mit dem Sportkonsumenten und seiner Neigung, den Meistersportler zu einer Art von Halbgott zu »mythifizieren«. Eine »mythologische« Deutung der Sporthandlungen *vom Blickpunkt des Handelnden* wurde weder von Barthes noch von Magnane entworfen oder ausgeführt. Dennoch kann eine solche Interpretation in Verbindung mit der zuvor umrissenen »mythischen Funktion« für den Sportkonsumenten auch sinnvoll entwickelt werden, ja, sie erweist sich als notwendige Ergänzung der Konsumententheorie zu einer »mythologischen« Gesamtdeutung des Phänomens Sport.

So bedeutsam Verhalten, Motivationen, Bedürfnisse und Wertungen des Zuschauers und Sportkonsumenten für jedes Verständnis des Höchstleistungssports in quantitativer und auch theoretischer Hinsicht sind, so können sie doch nicht die einzige Grundlage für eine philosophische Deutung des sozialen Bereichs Sport darstellen. Obwohl der Spitzenathlet dazu neigt, seine Handlungen an der Publikumsreaktion zu orientieren, können seine Handlungen nicht schon dadurch erklärt werden, daß man nur seine Ausrichtung auf die Zuschauer und deren Reaktionen, Erwartungen, Idolisierungen usw. berücksichtigt. Sein Verhalten kann nicht vollständig in solche Begriffe wie »Anpassung an soziale Leistungserwartungen«, »Produzent auf dem ›Leistungsmarkt‹« oder »Verinnerlichung des kollektiven Leistungsprinzips« aufgelöst werden, wie es manche Sozialkritiker des Sports im letzten Jahrzehnt versuchten. Auch ist der Mensch als ein kulturelles und symbolisches Wesen, das sich in gewisser Weise eine aktive Selbstkonstitution zu erarbeiten suchen muß, nicht nur von der Befriedigung biologischer Bedürfnisse abhängig. Selbst biologische Bedürfnisse werden von kulturellen Ritualen und Gewohnheiten überlagert, die eine Art und Weise der Bedürfnisbefriedigung kultivieren. Der Mensch strebt danach, kulturelle Ziele zu verwirklichen, lebt im Hinblick auf gewisse angenommene Werte und folgt normativen konventionellen Regeln, um Selbstbestimmung und Selbstverwirklichung, Selbstdifferenzierung und Selbstbestätigung zu erlangen. Diese Selbstbestätigung braucht keineswegs ein bewußtes, manifestes Ziel zu sein. Sportleistungen nun, die innerhalb ihres eigenen kulturellen Bezugsrahmens institutionalisiert und bewertet werden, stellen ein besonders attraktives Medium für demonstrative Individualisierung, Selbstentwicklung und Selbstbestätigung jüngerer Menschen mit Bezug auf Ziele und Wertmuster dar, die von der eigenen Kultur anerkannt werden. Der Leistungssport bietet Gelegenheiten, sich selbst angesichts dieser Werte auszuzeichnen, individualistische Werte in einer sonst eher konformistischen Gesellschaft zu betonen, anzustreben und zu verwirklichen. (Diese »Institutionalisierung der Individualisierung« weist natürlich darauf hin, daß die Werte des Individualismus und der Betonung des Individuums in der Tat *soziale* Werte sind und ebenso sozialen Bedürfnissen entsprechen wie soziale Integrations-, Symbolisierungs- und Sinnbildungsfunktionen – eben »mythische« Funktionen erfordern. Darüber hinaus sind kulturelle und soziale Wechselwirkungen stets nur über individuelle Handlungen innerhalb eines institutionalisierten sozialen Bezugsrahmens zu

verwirklichen.) Individuelle Auszeichnung: Paul Weiss'
Deutung des Leistungssports unter dem Gesichtspunkt »concern for excellence« und durch das Streben gerade nach
Auszeichnung durch Körperhandlungen und durch den
Körper gewinnt ihre Bedeutsamkeit und Aktualität auch in
diesem Zusammenhang.[7] Diese idealtypische Deutung des
Athleten als der Verkörperung eines, der nach persönlicher
Auszeichnung strebt, gründet sich sicherlich unverwechselbar auf Werte der abendländischen Kultur. Es gibt keinen
Beweis dafür, daß es sich bei diesen Motivationen und
Werten um mögliche überkulturelle Universalien handelt.
Kulturgeschichtliche Wurzeln wie z. B. die griechische Ausrichtung an Idealen des Wettkampfes, des Agon, die christliche Hochschätzung des Individuums, des individuellen
Lebens und Schicksals (einschließlich der protestantischen
Ethik der Selbstbestätigung, der asketischen innerweltlichen
Orientierung und des Aktivismus, wie sie Max Weber überzeugend herausarbeitete) sind wesentliche motivationale und
wertmäßige Grundlagen dieser idealtypischen Modelldeutung. Insofern der Athlet nach ständiger Leistungsverbesserung strebt, ist sein Handeln, ist er als Rollenträger
sicherlich von *kulturellen* Faktoren geprägt. Das Individuum kann und mag jedoch diese kulturelle Herausforderung benutzen, um seine personale Einzigkeit oder Besonderheit durch kennzeichnende, hervorstechende Daten und
Leistungserfolge zu konstituieren und zu dokumentieren –
also z. B. auch durch sportliche Leistungen. Dies gilt sowohl
für seine Selbsteinschätzung als auch für seine soziale Anerkennung und eventuell seine soziale Stellung. Der Aspekt
der Selbstbeurteilung kann ohnehin nur analytisch von
sozialer Einschätzung abgetrennt werden. Um Selbstverwirklichung und Selbsteinschätzung zu gewinnen, scheint
ein *sozialer* Vergleich im Sinne der Selbsteinordnung und/
oder der sozialen Konkurrenz unerläßlich zu sein – jedenfalls innerhalb des Bezugsrahmens der abendländischen kulturellen Tradition. Die Leitnormen und Prinzipien des sport-

lichen Verhaltens und dessen Zielsetzungen können so gedeutet werden, als seien sie auf »wesentliche«, »reine« idealtypische Muster bzw. auf quasi-abstrakte Inhalte zusam-
mengestrichen: Das Leistungsprinzip, das Konkurrenzprinzip und das Gleichheitsprinzip (Chancengleichheit) (v.
Krockow 1972, 1974; vgl. S. 166 ff.). Diese Leitnormen werden im Leistungs- und Wettkampfsport in fast idealtypisch
reiner und von anderen Bedingungen verhältnismäßig un-
abhängiger modellhafter Weise verwirklicht. Sie haben
gewiß eine erhebliche soziale Bedeutung, indem sie Einstellungen und soziale Orientierungen beeinflussen.

Obwohl Weiss' Deutung zunächst scheinbar völlig individualistisch ist, läßt sie jedoch Platz für eine solche ergän-
zende *sozial*philosophische Interpretation – nicht nur bei
der Untersuchung von Auswahl- und Institutionalisierungs-
kriterien und sozialen Handlungsmustern oder bei Leistungs-
vergleichen in der Konkurrenz, sondern auch in der Behauptung, daß der Athlet eine ideale Verkörperung dessen
sei, »was der Mensch ist« oder leisten kann »durch seinen
Körper«. Die erreichte oder erreichbare Höchstleistung
stellt ein Faszinosum und eine Aufforderung für nahezu
jedermann dar. Das normative Idealbild des Herausragens
kann so gesehen werden, als bilde es eine Art von Anspruch, der für *soziale* Beeinflussung und Wechselwirkung
wie geschaffen und geeignet ist. Der Mensch als stellung-
nehmendes, handelndes und wertendes Wesen kann nicht
vollständig artistisch vollkommene Sportbewegungen in
ihrer Aufeinanderfolge von dynamischer Spannung und
Lösung ignorieren. Sporthandlungen bilden ein normatives
Leitbild, das einen motorischen und visuellen Appellcharak-
ter zeigt. Auch Weiss' metaphysischer Exkurs am Ende
seines Buches (1969) ist hier in Erinnerung zu rufen. Der
Athlet, seine Freiheit maximal nutzend, ist nach Weiss der
»totalen Aktualität« konfrontiert. In Einheit und Identifikation mit seinem Körper ist er die Verkörperung der Gesetze, die das Handeln eines vollkommenen, obgleich sterb-

lichen Leibes beherrschen. Daher verkörpert und dokumentiert der Athlet – »eins mit diesen Gesetzen« – in zeitgebundener begrenzter Instantiierung eine überindividuelle und überzeitliche »immerwährende Realität« in »aktueller Gemeinsamkeit von Materie und ihrer Bedeutung«. Der ideale Athlet repräsentiert die Menschheit in ihrem Streben nach Höchstleistungserfolgen. Er wird gleichsam ein Teil der »immerwährenden Realität«, der auf eine symbolische Weise dem »gnadenlosen Fluß der Zeit« zu entgehen scheint. Der Athlet ist »Sport verkörpert, Sport instantiiert, Sport im Augenblick verortet«; er stellt so eine herausragende Verkörperung des Menschen und seiner Einzigkeit in seinem »Streben nach Ewigkeit« dar.[8] – Wenn man sich nicht zu sehr auf den platonistischen Essentialismus, auf die wesensphilosophischen Elemente in dieser Philosophie der Ewigkeit einläßt, kann man den Bezug zur Aktualität als das notwendige Verbindungsglied verstehen, um Weiss' Ansichten mit einer existenzphilosophischen Deutung in eine integrierte Einheit zu bringen. Wichtiger für unser Argument ist jedoch, daß die erwähnte »immerwährende Realität« nur eine *symbolische* sein kann. Keine ewigen Gesetze der Natur machen den Athleten selbst »ewig«. Sein Beispiel verkörpert eine *symbolische* Fiktion, die nur als Teil eines Wertesystems, als *kulturelle* Idee, als Verkörperung einer Norm, die überindividualistische Bedeutung hat, sinnvoll verstanden werden kann. Nur auf diese Weise kann Weiss zu Recht schließen, daß der Athlet die Menschheit in ihrem Höchstleistungsstreben repräsentiert. Der Sportler verkörpert »ein mythisches Ideal«: Herkules oder Prometheus – oder manchmal gar Narziß? Das Ideal der kulturellen Leistung, die über die Überlebenserfordernisse und Alltagsbedingungen hinausgreift, diese Idee des vordergründig eigentlich unnötig erscheinenden Eigenen, Besonderen, Überbiologischen erst macht den Menschen zu dem kulturell schöpferischen, geistigen, intellektuellen und symbolischen Wesen, das er ist. Indem man Weiss' Deutung so ausdehnt,

kann der Athlet als Repräsentant und Verkörperung eines
»Mythos« verstanden werden, der eine Art mythischer
Figur herakleisch-prometheischer Provenienz darstellt; er
bildet oder instantiiert ein *kulturelles Symbol*, ist ein
Mensch, der »repräsentativ« aufzeigt, welcher außerordent-
licher Leistungen Menschen durch vollkommene Hingabe
fähig sind. Weiss' Metaphysik des Hochleistungssports und
des Leistungssports und der Leistung überhaupt führt also
auch auf die Deutung, daß der Sport, insbesondere der
Leistungssport, eine pointierte Verkörperung eines »mythischen« Modells ist – eines Idealbildes menschlicher Hand-
lungs- und Körperfähigkeiten sowie der symbolischen
archetypischen Konkurrenz, eines Modelles, in dem Leistungsverhalten von idealtypisch fast reinen Normen beherrscht,
in dynamischer sichtbarer Form dargestellt wird. Obwohl
Weiss in seiner Analyse des Athleten nur auf die Leistungsfähigkeit des Individuums eingeht, ohne seine Deutung auf
die erwähnte »mythologische« und sozialphilosophische
Interpretation auszudehnen, kann und muß diese relativ
leicht und harmonisch seine Deutung ergänzen. Weiss nämlich schränkt zu individualistisch und zu abstrakt das, was
man vielleicht mißverständlich das »reine mythische Wesen« nennen könnte, auf ein in keiner Weise *sozial* verstan-
denes Idealbild ein. Er erwähnt ausschließlich das »reine«
persönliche Leistungsstreben und das Streben zum Herausragen an sich. Er abstrahiert von der sozialen prägenden
Situation, innerhalb deren *sozialer* Struktur jedoch und
durch deren Prägekraft Leistungen erreicht, erst beurteilt
und miteinander verglichen werden können. Die Einordnung der Phänomene der sportlichen Leistung in die idealtypische *soziale* Konstellation von Wettkämpfen und die
somit soziokulturell begründete Deutung kann auf diese
Weise die Abstraktheit, die individualistische Einschränkung und die Isolierung von Weiss' Deutung verringern.
Die »mythologische« Interpretation wurde ursprünglich als
ein Aspekt der Faszination des Zuschauers entwickelt. Sie

kann aber, wie wir gesehen haben, auch auf eine Deutung der Rolle und Funktion des Athleten selbst gegründet werden. Beide Interpretationen zusammen und in Kombination erst gewinnen umfassende Bedeutung, während jede von ihnen nur Teilaspekte innerhalb des philosophischen Ansatzes beleuchten. Der soziale wie der individualistische Gesichtspunkt führen also zu demselben Modell, einem idealtypischen Ansatz, der eine notwendige Verbindung zwischen *sozial*philosophischen und *individual*philosophischen Analysen liefert (eine Notwendigkeit, die an anderer Stelle (Lenk 1972) genauer ausgearbeitet ist). Strebt man derart eine idealtypische Theorie der Rolle des Athleten an, so lassen sich traditionelle Einfaktoruntersuchungen der Sportphilosophie leicht um gewisse Kerndeutungen herumgruppieren, ohne daß eine von ihnen allein schon alle Phänomene des Sports aus der Sicht des Handelnden erklären könnte. Diese pluralistische, viele Faktoren und Funktionen umfassende Deutung des Sports vereinigt die sozialphilosophischen und die individualistischen Perspektiven traditioneller Untersuchungen. Teildeutungen werden dabei relativiert, vereint und miteinander verflochten. Die meisten Unterschiede der herkömmlichen Deutungen schränken sich nun auf Aspekt- und Akzentunterschiede ein. Darüber hinaus erlaubt der pluralistische und multifaktorielle Ansatz eine verhältnismäßig kühne und neue »metaphysische« These, nämlich die kulturphilosophische Interpretation des Sports als der modernen Inszenierung einer Art von »Mythos«: ein dramatisch und sichtbar instantiiertes Wechselspiel von archetypischen dynamischen Rollen in Konkurrenz und Konfrontation, geleitet von leicht erkennbaren Verhaltensmustern und Normen.

Die »mythologische« Deutung muß über die bisher entwickelten allgemeinen Bemerkungen hinaus natürlich noch auf besondere Sportdisziplinen im einzelnen angewendet werden. Weitere Differenzierungen und Modifikationen der pluralistischen Deutung des Sports müssen ausgearbeitet

werden. Dabei wird jede einzelne Deutung jeweils eine
ausgewählte und idealtypische sein. Zweifellos gibt es charakteristische Unterschiede zwischen Sportdisziplinen je
nach ihren unterschiedlichen Grundsituationen, die gegebenenfalls kennzeichnende Abänderungen innerhalb der »mythologischen« Interpretation selbst einschließen. Solche
typischen und wesentlichen Strukturunterschiede finden
sich zwischen Mannschaftssportarten und Individualdiszi-
plinen, zwischen Schnelligkeits- und Kraftsportarten, zwischen Ausdauerwettkämpfen und Kunstsportarten, zwischen Disziplinen höchster Körperbeherrschung bzw. Be-
wegungsakkuratesse und denen des Kontakt- und Kampf-
sports, zwischen Sportarten, die ausschließlich die eigene
Körperbewegung kultivieren und nutzen, und solchen, die
ein fremdes Medium, Geräte oder ein Vehikel oder schließlich gar die Zusammenarbeit mit einem Tier betonen, zwischen Natursportarten, Risikosportarten und künstlichen
Wettbewerben, die durch Punktaddition oder Aneinander-
fügen der Einzelleistungen erst entstehen. (Bei den Mannschaftssportarten gibt es noch die weiteren Unterschiede
zwischen kraftadditiven Sportarten und solchen – etwa
den Mannschaftsspielen –, bei denen erst durch die soziale
Struktur der Interaktionen das notwendige soziale Netz-
werk des Geschehens gebildet wird.) Die Vielfalt der Situationen, Handlungsmuster, Ziele und Aufgabenstellungen,
Wertaspekte und der Standardisierungsnormen ist bemerkenswert und keineswegs durch die eben erwähnte Aufzäh-
lung ausgeschöpft. Die Anziehungskraft, die Faszination
jedes einzelnen Sports hängt auch von seinen besonderen
Zügen ab, sowohl in der Sicht der Sportler als auch der
Zuschauer.

Die symbolisch-»mythologische« Deutung ist eng mit solchen Besonderheiten verbunden. Man denke an die Herausforderung durch die Natur, die Konfrontation mit dem
symbolischen Gegner »Berg« oder »Wand« oder mit Natur-
elementen, wenn Bergsteiger in einen Sturm geraten – ein

symbolisches Drama gegen eine rücksichtslose Natur, verbunden mit der angstprovozierenden, dem Faszinosum des Risikos unterliegenden Anziehungskraft drohender existenzieller Grenzsituationen und äußerster Gefahr. Auch der Verzicht auf künstliche Hilfsmittel, z. B. auf Sauerstoffgeräte bei der Besteigung des Mount Everest durch Messner und Habeler, stellt eine Herausforderung von geradezu »mythischer« Faszination dar. Kann der Mensch den höchsten Punkt der Erde ohne künstliche Hilfsmittel erreichen? – Eine ebenso »mythische« Grundsituation – wenn auch weniger dramatisiert – verbirgt sich hinter der Frage, wie schnell der Mensch eine bestimmte Strecke unter standardisierten Bedingungen durchmessen kann. Dieses Faszinierende der Schnelligkeit kann nicht in vollständig rationaler Weise, ohne Bezug auf eine symbolisch-»mythische« Situation des autonomen und bewegungsfähigen Menschen, ja, nicht ohne dessen Fähigkeit zur zielorientierten ortsverändernden Bewegung und auch zur Flucht verstanden werden.

Weiss meinte, wie schon Carl Diem lange vor ihm, daß manche Gesetze der Natur in Sportrekorden ausgedrückt seien, wenigstens Teilantworten gäben auf die Kantische Frage nach dem, was der Mensch sei. Dies mag zwar in gewisser Weise – trotz der zu umfassenden und pathetischen Formulierung – zu Recht behauptet werden, aber diese Aussage läßt sich weniger allein aufgrund von naturgesetzlichen Beschränkungen und Fähigkeiten des Menschen verstehen als im Zusammenhang mit den symbolisch geprägten, »mythischen« Situationen und Herausforderungen des Menschen, die, obwohl gegründet auf natürliche Bedingungen, *kulturell* geprägt sind und nicht ausschließlich von der gefährdeten Lage des Menschen in der Natur abhängen, sondern auch auf grundlegenden Mustern innerartlicher Gruppenkonfrontationen und sozial strukturierter Situationen beruhen. Obwohl ein Reiz oder gar Zwang zur Konfrontation mit der Natur bestehen bleibt, wird dieses Verhältnis zur Natur überformt durch ein symbolisch gedeutetes *kulturelles* und sozial geprägtes Leitmodell. Toynbees Auffassung, das kulturelle Wesen werde von Naturbedingungen herausgefordert zu besonderen Leistungen, ja zur Entwicklung der Kultur oder einer Hochkultur überhaupt, scheint auch hier in verfeinerter, sozusagen introvertierter Weise gültig: »Fronten« gegenüber der Natur finden sich auch in uns selbst, sind auch innerhalb der zivilisierten und auch der technisierten Gesellschaften möglich. – Leistungssport und sportliche Leistung spiegeln diese Grundsituationen wider: die aktive, leistungsorientierte oder konkurrenzorientierte Beherrschung dieser Situationen durch den zielorientierten herakleischen und prometheischen abendländischen Menschen, der symbolische dramatische archetypische Konfrontationen und Herausforderungen in der Form eines sichtbaren dynamischen Rollenspiels inszeniert und zu bestehen sucht, um sich selbst zu bestätigen, auszuzeichnen, zu »finden«.

Ähnlichkeiten mit »Mythen« in der Technik

Wer ist der Athlet, wo steht der Sportler zwischen Herkules und Prometheus? Prometheus ist der mythische Halbgott, welcher der Menschheit Feuer und Kultur brachte. Manchmal wird er als mythische Figur der Technik und der menschlichen Naturbeherrschung gesehen. Es gibt sicher Verbindungen zwischen einer Philosophie der Technik und einer Philosophie des Sports, obwohl die Verbindungsstücke, die Ähnlichkeiten und Entsprechungen noch nicht ausgearbeitet worden sind. Eine philosophische Untersuchung dieser Entsprechungen – oder wenigstens der Analogien – könnte fruchtbare Anregungen für beide Bereiche ergeben. Der Wunsch und die Motivation, Grenzen hinauszuschieben, Herausforderungen und Wagnisse anzunehmen und Abenteuer in rationalisierter, standardisierter Form zu bestehen, Neuland im wörtlichen wie im übertragenen Sinne zu betreten, bisherige Leistungen zu übertreffen, neue Mittel und neue Wege zu erschließen – dies kennzeichnet beide Leistungsbereiche, die Technik wie den Sport. Ein wesentlicher Unterschied scheint zu sein: Technische Inventionen und Innovationen suchen Anstrengungen zu ersparen, Zielerreichung zu erleichtern, Umwege zu vermeiden oder gerade durch intelligente Mittelwahl und Erfindung Produktionsumwege zu erschließen, während sportliche Leistungen gerade durch das Überwinden künstlich gesetzter oder gar eskalierter Hindernisse, durch das Aushalten, Überstehen von Anstrengungen und extremen Anforderungen, durch das Vermeiden technisierter Erleichterungen und Umwege gekennzeichnet sind. Der Flug mit einem Hubschrauber auf den Mount Everest wäre keine sportliche Tat, die Besteigung des höchsten Berges der Erde ohne Sauerstoffgeräte jedoch ist sportliche Heldentat, Beschreitung von riskantem Neuland – sportlich gesehen eine Leistung, die jede an sich eindrucksvolle Steigerung *mit* Gerät noch weit überragt – und zwar im Sinne des »mythischen« Urbilds der sportlich-humanen Leistung ohne wesentliche technische Unterstützung. – Sport und Technik, sportliche Situation und technisches Gerät sind zwar in vielfältiger Weise unlösbare Verbindungen eingegangen, aber der rein »mythischen« Grundsituation nach sind sie ursprünglich unabhängig voneinander. Dennoch ist es nicht überraschend, daß »der sportliche Mythos« mit seinen besonderen Traditionen sich parallel mit der abendländischen Zivilisation und dem Heraufkommen der industriellen Gesellschaft entwickelte. Angesichts der erwähnten Ähnlichkeiten nimmt dies nicht wunder, viele Zielsetzungen sind gleichartig: Der Traum von der Beherrschung der Natur durch bloße Willenskraft und eingesetzte Rationalität, durch Kontrolle und Steigerung der vitalen Kräfte, stellt ein ähnliches Machtmotiv dar wie die Naturbeherrschung durch künstliche Geräte: Kontrolle, Macht und Beherrschung über sich selbst und über die Situation, über den Rollenpartner, etwa den sportlichen Gegner (ohne ernsthafte Machtabhängigkeit zwischen ihnen). Die Entsprechungen in den »Mythen« von Sport und Technik angesichts dieses Machtmotivs sind zweifellos noch weiterer Erforschung bedürftig. – Auch hier dürften trotz grundlegender Ähnlichkeiten kennzeichnende Unterschiede zu finden sein. Eine differenzierte Untersuchung kann sich erst entwickeln, wenn sowohl Gemeinsamkeiten als auch Differenzen in Kontrastierung und Wechselspiel verfolgt werden.

Jedenfalls scheinen die philosophischen Deutungen des Sports wie der Technik zu zeigen, daß »mythologische« Interpretationen und »mythische« Funktionen keineswegs überholte Leitbilder einer romantischen Vergangenheit darstellen müssen. In säkularisierter, wenn auch meist versteckter Form scheinen sie auch heute wirksam zu sein. Der »Mythos« der technischen Macht über die Natur und des ständigen technologischen Fortschritts stellt sicherlich ein wesentliches Motivationsmuster der abendländischen Kultur dar, ohne das z. B. die Ausgaben für Weltraumprogramme kaum verständlich wären. (Neben dem politischen Wettrennen der Großmächte im Weltraum spielt natürlich auch die »mythische« Faszination des faustisch-prometheischen Menschen, einen anderen Stern zu betreten, zu erobern, eine entscheidende Rolle.) Neuland zu betreten, neue Leistungsbereiche zu erschließen, das Unmögliche möglich, ja, wirklich zu machen ohne exzessive technische Hilfe – dies kennzeichnet den sportlichen Mythos. (Natürlich hat das Wettrennen im Weltraum auch gewisse »sportliche« Bedeutungsnuancen – ein Abenteuer, der Fahrt des Kolumbus vergleichbar, wenn Abenteuer und Wagnis im weiteren Sinne Komponenten sportlichen Verhaltens sind.)

Sind Technik und Wissenschaft sowie Sport die großen Abenteuer für den ansonsten allzu domestizierten, seßhaft gewordenen, das Eigenhandeln vernachlässigenden zivilisierten Menschen? Beziehen beide ihre Faszination zum Teil aus dem wirkungsvollen Kontrast zum Passivismus, zur Konsumentenmentalität und zum Leben durch stellvertretende massenmediale Erlebnisse in der hochindustrialisierten Gesellschaft? Jedenfalls ist das technologische Zeitalter keineswegs so rational, wie es zu sein vorgibt. Anscheinend bedarf man eigener mythischer Orientierungen, um sich in faszinierenden Zielsetzungen und Handlungsmöglichkeiten selbst deuten zu können. Der Reiz des Grenzüberschreitens, des Fesselsprengens, der Zwang zum Neuen in Technik und Sport, zum Noch-nie-Dagewesenen, zur Erfüllung archetypischer Träume der Menschheit gehören zweifellos dazu. Die menschliche Höchstleistung im Sport und der unter ihren Zielorientierungen angetretene Leistungssport gehören sicherlich zu diesen nur »mythologisch« völlig zu verstehenden Bereichen.

Bedenkt man diese Parallelen und Analogien, so überrascht nicht, daß die neue Sozialkritik an Technologie und Technokratie und die Kulturkritik des Sports in oft gleichlautenden Argumenten zu einer gemeinsamen Kritik an Leistungsprinzip, Leistungsverhalten, Leistungsmotivation verschmelzen. Wenn »Technokratie« als Dominanz technologischer Prozesse, automatisierter Mechanismen oder automatisierender oder mechanisierender Trends, als Herrschaft der Techniker, der Experten, des »Apparats«, der Verwaltung über oberste humane Zielsetzungen verstanden wird, so stellt sich die Frage, ob es ein Technokratieproblem auch im Leistungssport gibt. Sind Athleten »technokratische« Wesen oder »technokratisch« manipuliert? Diese Probleme können hier nicht im einzelnen diskutiert werden,[9] jedoch im Blick auf die genannte Sozialkritik läßt sich sagen: Obwohl der Sport zumeist konservativ und oft quasi-technokratisch verwaltet und organisiert wird, dürften die Handlungen und Absichten, die Einstellungen und Bewertungen der Sportler selbst nicht an sich als konservativ oder technokratisch verstanden werden. Versucht nicht gerade auch der Athlet die Grenzen des menschlichen Verhaltens zu durchstoßen, nichtroutinisierte Handlungsmöglichkeiten zu erschließen, im übertragenen Sinne Neuland zu erobern? Dies ist keineswegs möglich, indem nur Methoden, Techniken, Verfahren und Verfahrenserfordernisse betont werden. Die sportlichen Höchstleistungen sind nur durch tiefes persönliches Engagement, durch personale Hingabe zu erreichen – selbst bei bester organisatorischer und technischer Vorbereitung. Im Sinne des »mythischen« Modells vom Herausragen durch körperliche Leistung, von der Selbstvervollkommnung im Risiko, der Überbietung alles Bisherigen, der Orientierung am anscheinend Unmöglichen – und an »mythischer« Tat – in diesem Bemühen zeigt der Athlet außerordentliche humane Einsatzbereitschaft und bemerkenswertes Wertengagement, das nicht »technokratisch« erzeugt werden kann. Herakleisch-prometheische »Mythen« als Idealmuster menschlicher Leistungen schließen Konservatismus und Technokratie von vornherein aus. Natürlich gibt es Einflüsse von Machteliten, Verwaltungsinteressen, »technokratischen« Tendenzen auf Athleten und Verhaltensweisen im Sport. Diese Tendenzen, die der Sozialkritik an jeglicher Fremdbestimmung – auch im Leistungsverhalten – während des letzten Jahrzehnts unterlagen, sind durchaus reformbedürftig. Der Athlet selbst steht wenigstens idealerweise, wenn auch nicht notwendig als Individuum, jenseits des Zugriffs dieser Sozialkritik. Dies gilt auch, wenn faktisch manche Manipulationstendenzen gegenüber Athleten festgestellt werden und kritisiert werden sollten. Manipulierbarkeit und Manipulation kann nur kritisieren, wer an den Eigenwert der fallweise manipulierten Aktivität glaubt. Als ideale »mythische« Figur ist der sportliche Athlet nicht manipuliert, nicht gegen seinen Wunsch und Willen für die Interessen anderer eingesetzt, nicht seinem inneren Wertempfinden und seinen Zielsetzungen innerhalb der abendländischen kulturellen Gesamttradition »entfremdet«. Idealerweise ist der Athlet frei, bestimmt sich selbst zu Ziel, Aktivität und Einsatz, stellt sich selbst unter das »mythische« Leitbild, das Abenteuer des Aktiven selbst. Doch dem Idealtyp entspricht die Wirklichkeit oft nicht ... Einsicht aber kann den Anfängen wehren, den Anfängen unkritisch hingenommener Entfremdung, technokratisch-bürokratischer Manipulation wie totaler sinnentleerender »Entmythisierung«.

Schlußbemerkung

Der mythologische Ansatz zur Deutung des Sports zeigt, wie stark die sportlichen Leistungen in eine geschichtlich durch Ideen und »mythische« Sinnkonstitution sowie »mythische« Funktionen und Figuren geprägte Kultur eingebettet sind und wie sehr die Anziehungskraft des Sports für Athleten und seine Faszination für die Zuschauer von diesen »mythischen« Funktionen begründet oder wenigstens verstärkt werden. Trotz ihrer hypothetischen Vorläufigkeit und Einfachheit scheint sich die »mythologische« Deutung als sehr realistisch zu erweisen. Die »Gegenwärtigkeit des Mythos« (Kolakowski 1970) zeigt sich also auch hier. Auch in der Moderne sind Mythen virulent, oft archetypisch verfaßt, in der Tradition überliefert und dennoch säkular gestaltet. Nur so, als säkulare, können moderne Mythen sozial wirksam sein.

Die Philosophie hat neben anderen Aufgaben das Ziel, Inhalt, Wirkbereich, Voraussetzungen und Implikationen solcher modernen »Mythen« zu analysieren. Eine »mythologische« Interpretation aufzuspüren, festzustellen, zu untersuchen, bedeutet nicht, daß man selbst Anhänger des »Mythos« sein muß. Da und soweit »Mythen« und »mythische« Funktionen viele Einstellungen und soziale wie individuelle Grundorientierungen beeinflussen, ist die weitere Ausarbeitung eines »mythologischen« Bedeutungsmodells des Sports wichtig für die Grundlegung einer Philosophie des Sports, die nicht nur individualphilosophische, sondern auch sozialphilosophische Komponenten verbindet. Dies ist umso wichtiger für das Verständnis des Sports und der sportlichen Leistung, als deren Bedeutung in einer Konsumenten-, Massenmedien- und beginnenden Freizeitgesellschaft immer mehr zunimmt. Auch für eine noch kaum entwikkelte, aber nötige Sozialphilosophie der Leistungen und des Eigenhandelns kann sich der hier skizzierte Ansatz als bedeutsam erweisen.

Anmerkungen

1 Barthes (1964) S. 118 und 115.
2 Ebd., S. 118 f.
3 Magnane (1964) S. 109 f.
4 Ebd., S. 97.
5 Barthes (1964) S. 88 ff.
6 Ebd., S. 115.
7 Weiss (1969) S. 3 u. ö.
8 Ebd., S. 243 ff.
9 Vgl. Lenk 1973a.

Literatur

Adam, K.: Leistungssport – Sinn und Unsinn. München 1975.
Adam, K.: Leistungssport als Denkmodell. München 1978.
Barthes, R.: Mythen des Alltags. Frankfurt a. M. 1964.
Keenan, F. W.: The Athletic Contest as a ›Tragic‹ Form of Art. In: Osterhoudt, R. G. (Hrsg.): The Philosophy of Sport. Springfield (Ill.) 1973, S. 309–326.
Kolakowski, L.: Die Gegenwärtigkeit des Mythos. München 1973.
Krockow, Chr. v.: Sport und Industriegesellschaft. München 1972.
Krockow, Chr. v.: Sport. Hamburg 1974.
Lenk, H.: Philosophie im technologischen Zeitalter. Stuttgart [usw.] ²1972.
Lenk, H.: Leistungssport: Ideologie oder Mythos? Stuttgart [usw.] 1972, ²1974.

Lenk, H. (Hrsg.): Technokratie als Ideologie. Stuttgart [usw.] 1973.

Lenk, H.: »Manipulation« oder »Emanzipation« im Leistungssport? Die Entfremdung und das Selbst des Athleten. In: Lenk, H. / Moser, S. / Beyer, E. (Hrsg.): Philosophie des Sports. Schorndorf 1973, S. 67–108. [Zit. als: Lenk 1973a.]

Magnane, G.: Sociologie du sport. Paris 1964.

VanderZwaag, H. J.: Sport as a Microcosm from the Perspective of Social Processes which Lead to Conflict. Paper presented at the Scientific Congress of the Games of the XX Olympiad Munich, Germany. 1972.

VanderZwaag, H. J.: Toward a Philosophy of Sport. Reading (Mass.) 1972. [Zit. als: VanderZwaag 1972a.]

Weiss, P.: Sport – A Philosophic Inquiry. Carbondale-Edwardsville (Ill.) 1969.

Textnachweise

Vernunft als Idee und Appell. – Zum Teil beruhend auf dem Beitrag »Chancen praktischer Vernunft im systemtechnologischen Zeitalter« in: *Plädoyer für die Vernunft*, Freiburg: Herder, 1974 (Herderbücherei-Initiative 1), S. 148–163, und auf dem Kapitel »Hat Vernunft noch Chancen?« aus: H. Lenk, *Pragmatische Philosophie*, Hamburg: Hoffmann und Campe, 1975, S. 38–55. Die beiden Beiträge wurden für den vorliegenden Aufsatz wesentlich überarbeitet und ergänzt. Die Anmerkungen stammen zum Teil aus: »Kann die sprachanalytische Moralphilosophie neutral sein?« in: *Archiv für Rechts- und Sozialphilosophie* 53 (1967) S. 367–386.

Reine und pragmatische Vernunft. – In: *Perspektiven der Philosophie* 4, [darin Teil 1 als] *Festschrift für F. Kaulbach*, hrsg. von R. Berlinger und F. Kambartel. Hildesheim 1978, S. 147 bis 160.

Zur Wissenschaftstheorie der Sozialwissenschaften. – Wesentlich ergänzte und überarbeitete Fassung des Beitrags »Philosophische und wissenschaftstheoretische Grundlagenprobleme der Sozialwissenschaften« aus: H.-J. Engfer (Hrsg.), *Philosophische Aspekte schulischer Fächer und pädagogischer Praxis*, München: Urban & Schwarzenberg, 1978, S. 90–113.

Erfolg und Grenzen der Mathematisierung. – Beitrag zum 16. Weltkongreß für Philosophie, Düsseldorf 1978.

Methodologisches zum Verhältnis von Wissenschaft und Technik. – Teile dieses Aufsatzes werden unter den Stichworten »Technik und Wissenschaft« und »Wissenschaftstheoretische Probleme der Technikwissenschaften« in wesentlich gekürzter Form im *Handwörterbuch wissenschaftstheoretischer Grundbegriffe*, hrsg. von J. Speck, Stuttgart: UTB, erscheinen.

Leistungsprinzip und Sportkritik. – In: H. Rieder (Hrsg.), *Bewegung, Leistung, Verhalten. Festschrift für O. Neumann*, Schorndorf: Hofmann, 1972, S. 69–83.

Herakleisch oder prometheisch? Mythische Elemente im Sport. – Übersetzte, überarbeitete und erweiterte Fassung des Beitrages »Herculean ›Myth‹ Aspects of Athletics« aus: *Journal of Philosophy of Sport* 3 (1976) S. 11–21.

Biographische Notiz

Hans Lenk, geboren am 23. März 1935 in Berlin, aufgewachsen in Ratzeburg.

1955–61 Studium der Mathematik, Philosophie, Soziologie, Sportwissenschaft, Psychologie und Kybernetik (Fortgeschrittenenstudium in Berlin) in Freiburg und Kiel.

1960 Olympiasieg im Achter; vorher mehrfach Deutscher und Europameister im Vierer ohne Steuermann und Achter.

1961 Promotion zum Dr. phil. in Kiel.

1962 Wissenschaftliche C. Diem-Plakette.

1962–66 Wissenschaftlicher Assistent am Institut für Philosophie der Technischen Universität Berlin.

1966 Habilitation für Philosophie an der Technischen Universität Berlin.

1969 Habilitation für Soziologie ebendort.

1966–69 Privatdozent, Universitätsdozent und zuletzt Wissenschaftlicher Rat und Professor an der Technischen Universität Berlin.

Seit 1969 ordentlicher Professor für Philosophie an der Universität Karlsruhe.

1973 Gastprofessor an der University of Illinois, Urbana-Champaign (USA).

1973–75 Dekan der Fakultät für Geistes- und Sozialwissenschaften der Universität Karlsruhe.

1976 Distinguished Visiting Professor an der University of Massachusetts, Amherst (USA).

1978 Philip Noel Baker Research Prize (UNESCO).

Wichtigste Buchpublikationen von Hans Lenk

Werte – Ziele – Wirklichkeit der modernen Olympischen Spiele. Schorndorf: Hofmann, 1964, ²1972.

Kritik der logischen Konstanten. Philosophische Begründungen der Urteilsformen vom Idealismus bis zur Gegenwart. Berlin: de Gruyter, 1968.

Leistungsmotivation und Mannschaftsdynamik. Ausgewählte Aufsätze zur Soziologie und Sozialpsychologie des Sports an Beispielen des Rennruderns. Schorndorf: Hofmann, 1970, ²1977.

Philosophie im technologischen Zeitalter. Stuttgart/Berlin/Köln/Mainz: Kohlhammer, 1971, ²1972.

Neue Aspekte der Wissenschaftstheorie. (Hrsg.) Braunschweig: Vieweg, 1971.

Erklärung – Prognose – Planung. Skizzen zu Brennpunktproblemen der Wissenschaftstheorie. Freiburg: Rombach, 1972.

Leistungssport: Ideologie oder Mythos? Zur Leistungskritik und Sportphilosophie. Stuttgart/Berlin/Köln/Mainz: Kohlhammer, 1972, ²1974.

Materialien zur Soziologie des Sportvereins. Ahrensburg/Hamburg: Czwalina, 1972.

Metalogik und Sprachanalyse. Studien zur analytischen Philosophie. Freiburg: Rombach, 1973.

Technokratie als Ideologie. Sozialphilosophische Beiträge zu einem politischen Dilemma. (Hrsg.) Stuttgart/Berlin/Köln/Mainz: Kohlhammer, 1973.

Philosophie des Sports. (Hrsg. mit S. Moser und E. Beyer.) Schorndorf: Hofmann, 1973.

Techne – Technik – Technologie. Philosophische Perspektiven. (Hrsg. mit S. Moser.) Pullach bei München: Verlag Dokumentation Saur, 1973.

Wozu Philosophie? Eine Einführung in Frage und Antwort. München: Piper, 1974.

Normenlogik. Grundprobleme der deontischen Logik. (Hrsg.) Pullach bei München: Verlag Dokumentation Saur, 1974.

Krittisen Rationalismin Julkaisusarja. Helsinki: Julkaisija: Krittisen Rationalismin Seurary, 1974.

Pragmatische Philosophie. Plädoyers und Beispiele für eine praxisnahe Philosophie und Wissenschaftstheorie. Hamburg: Hoffmann und Campe, 1975.

Sozialphilosophie des Leistungshandelns. Das humanisierte Leistungsprinzip in Produktion und Sport. Stuttgart/Berlin/Köln/Mainz: Kohlhammer, 1976.

Technische Intelligenz im systemtechnologischen Zeitalter. (Mit G. Ropohl.) Düsseldorf: VDI-Verlag, 1976.

Rudertraining. (Mit K. Adam, P. Nowacki, M. Rulffs und W. Schröder.) Bad Homburg: Limpert, 1978.

Handlungstheorien interdisziplinär. (Hrsg.) 4 Bde. und 2 Hbde. München: Fink, 1977 ff.

Team Dynamics. Champaign (Ill.): Stipes, 1977.

Handlungsmuster Leistungssport. Karl Adam zum Gedenken. (Hrsg.) Schorndorf: Hofmann, 1977.

Kyôgiryokukôjô to Group Dynamics. Dôkizuke no Shidôgijutsu. Tokio: Press Gymnastica, 1977.

Systemtheorie als Wissenschaftsprogramm. (Hrsg. mit G. Ropohl.) Frankfurt: Athenäum, 1978.

Social Philosophy of Athletics. Champaign (Ill.): Stipes, 1979.

Inhalt

Immanuel Kant

IN RECLAMS UNIVERSAL-BIBLIOTHEK

Philipp Reclam jun. Stuttgart

Deutsche Philosophie des 20. Jahrhunderts

IN RECLAMS UNIVERSAL-BIBLIOTHEK

Hans Albert, Kritische Vernunft und menschliche Praxis. Autobiogr. Einl. 9874 [2]

Hans-Georg Gadamer, Die Aktualität des Schönen. Kunst als Spiel, Symbol und Fest. 9844

Jürgen Habermas, Politik, Kunst, Religion. Essays über zeitgenössische Philosophen. 9902 [2]

Nicolai Hartmann, Der philosophische Gedanke und seine Geschichte. Zeitlichkeit und Substantialität. Sinngebung und Sinnerfüllung. Nachw. von I. Heidemann. 8538 [3]

Martin Heidegger, Der Ursprung des Kunstwerkes. Einf. von H.-G. Gadamer. 8446 [2]

Martin Heidegger · Fragen an sein Werk. Ein Symposion. 9873

Karl Jaspers, Über Bedingungen und Möglichkeiten eines neuen Humanismus. Drei Vorträge. Nachw. von K. Rossmann. 8674

Paul Lorenzen, Theorie der technischen und politischen Vernunft. 9867 [2]

Hermann Lübbe, Praxis der Philosophie. Praktische Philosophie. Geschichtstheorie. 9895 [2]

Gottfried Martin, Einleitung in die allgemeine Metaphysik. 8961 [2]

Manfred Riedel, Norm und Werturteil. Grundprobleme der Ethik. 9958 [2]

Josef Schächter, Prolegomena zu einer kritischen Grammatik. Bibliogr. und Nachw. von G. H. Reitzig. 9922 [3]

Wolfgang Stegmüller, Rationale Rekonstruktion von Wissenschaft und ihrem Wandel. Autobiogr. Einl. 9938 [2]

Friedrich Waismann, Logik, Sprache, Philosophie. Hrsg. von G. P. Baker und B. McGuinness. 9827 [8]

Philipp Reclam jun. Stuttgart